딸에게 들려주는 여자 이야기

딸에게
들려주는
여자 이야기

배우고, 사랑하고,
살아 내야 할 딸에게
건네는 27가지
담대한 말들

김슬기 지음

whale books

우리에게는 더 많은 여자의 이야기가 필요하다

엄마와 딸은 특별하다. 어딘가 조금 이상하고, 그래서 더욱 특수한 관계랄까. 우리는 서로를 대책 없이 사랑하면서 서로를 끊임없이 아프게 한다. 서로를 한없이 애달파 하면서도 서로를 잔인하게 몰아세운다. 서로를 제일 잘 아는 동시에 서로를 전혀 모르기도 하는 사이. 한 여자의 딸이었던 내가 한 여자아이의 엄마가 된 후 깨달은 것은 내가 엄마를 모르는 딸이었다는 사실이다.

나는 엄마를 몰랐다. 엄마를 안다고, 이해한다고 착각했다. 그 생각이 얼마나 우스운 오만이었는지를 비로소 알게 된 나는 이제야 겨우 엄마를 알아 가고 있다. 엄마가 지나온 시간들을 헤아려 보고 있다. 딸이 자라 엄마가 된 후에야 내 엄마의 삶을 더듬어 가기 시작한 것이다.

"엄마는 왜 아빠랑 결혼했어?", "엄마는 엄마가 되고 싶었어?", "엄마는 어렸을 때 꿈이 뭐였어?"

나를 너무 닮아 무서울 정도인 딸은 수시로 내 삶의 궤적을 묻는다. 쉽게 대답할 수 없는 질문들을 아무렇지 않게 던져 댄다. 대충 얼버무릴 수도, 제대로 답을 할 수도 없는 그 모든 질문은 내가 나의 엄마에게 묻고 싶은 말과 닮아 있다. 나는 엄마의 역사를 알고 싶은 딸이자, 엄마의 이야기를 듣고 싶어 하는 딸의 엄마로 살고 있다.

유년 시절부터 사춘기, 청춘의 시대를 거쳐 30대 중반의 오늘까지 내가 경험하며 배운 것은 앞서간 엄마들의 선물이며 뒤따라 올 딸들에게 전해 주어야 할 보물이다. 나는 모든 엄마의 서사를 알고 싶고, 그래서 내 아이에게 들려주고 싶은 나의 이야기를 말 아닌 글로 남겨 보기로 했다. 우리에겐 더 많은 여자의 이야기가 필요하다. 이 책은 내 딸에게 들려주는 나의 이야기인 동시에 세상의 모든 딸에게 들려주는 여자 이야기다.

딸인 동시에 엄마인 나는 수많은 딸이 걸어왔던 여자의 역사 위에 존재한다. 그 길은 여전히 척박하고 험난하다. 책가방을 메고 학교에 들어간 아이가 자라, 누군가를 만나 사랑을 하고, 우리 곁을 떠나 독립을 하는 그날까지…… 내 딸이 겪게 될 많은 일 앞에서 나는 자주 겁이 난다. 그래서 이 책이 내 딸을 향한 용기이자, 모든 딸을 위한 응원이 되기를 바란다.

세상의 모든 딸이 행복하기를, 자유롭기를. 삶을 사랑하며 사랑을 만끽하며, 뜨겁게 또 찬란하게, 세상이 매기는 점수와 상관없이 눈부시게 빛이 나기를. 변하고 있지만 그래서 더 격정적인 지금의 시대를 살아야 하는 딸들을 위한 엄마의 마음을 담아 보낸다.

_2020년의 어느 봄날,
딸이자 엄마인 여자 김슬기

목차

Part. 2

사랑을 시작한 너에게

Part. 3

독립을 앞둔 너에게

Part. 1

책가방을 멘 너에게

여자를 위한 환경,
가장 바람직한 곳을 찾아서

딸아이에 대한 일이라면 남편은 언제나 신중한, 아니 과하게 조심스러운 사람이었다. 바람 불면 날아갈까, 손 대면 부러질까, 아이를 대할 때면 손가락 하나도 조심조심 어찌할 바를 모르던 남편은 교육기관 선택에 특히 더 신중했다. 남편은(덩달아 나는) 모든 안테나를 바짝 세워 주변 정보와 입소문을 수집했다. 바닥에 떨어진 낱알까지 긁어 모았다. 엄마들 사이에서 평판이 좋은 곳이 어디인지, 거기에서 문제가 된 일은 없었는지, 개원 후 일어난 모든 일을 추적해 보겠다는 의지를 가지고 탐정 노릇을 한 뒤에야 우리는 '가장 적절한' 기관을 찾을 수 있었다. 남편과 나의 정성이 하늘에

닿았는지 결과는 언제나 합격이었다. 그렇게 아이는 가정형 어린이집 2년과 놀이학교 3년을 다녔고, 우리는 취학 통지서를 기다리는 예비 학부모가 되었다.

"여보, 우리 집 앞의 학교는 소문이 좋지 않은가 봐. 다른 학교로 보내려고 주소를 옮기는 사람들까지 있대. 막상 보내려니 마음이 내키지 않네. 이왕이면 학부모 만족도가 높은 학교를 보내는 게 좋지 않을까? 사립 초등학교에 지원해 보는 건 어때?" 우리 부부는 아이에 대한 일이라면 언제나 최선을 다하자고, 우리가 할 수 있는 건 모두 해 보자고, 무엇을 택하든 후회가 남지 않도록 애를 쓰자고 늘 입을 모아 말해 왔다. 그렇게 우리는 마침내 사립 초등학교라는 선택지를 집어 들었다.

사립 초등학교 설명회, 요즘 학교의 관심사

사립 초등학교에 지원하겠다는 결정을 내리고 나자 11월 첫째 주부터 시작되는 설명회를 쫓아다니는 숨가쁜 일정이 시작되었다. 집 근처 멀지 않은 거리에 있는 사립 학교란 학교는 모두 다녀 본 뒤에야 가장 적절한 학교를 추릴 수 있었다. "학교가 정말 좋긴 좋다! 멋있어! 보내고 싶게 생겼네!" 감탄이 절로 나오는 인테리어에 수준 높은 교육 과정, 다양한 체험 활동까지……. 과연 명성

답게 학교는 눈이 부시도록 완벽해 보였다. 우리는 눈이 휘둥그레져서 '요즘 학교'의 수준에 혀를 내둘렀지만, 이내 상상하지 못했던 요즘 학교의 '중심사'에 당황했다.

"이 자리에 오신 학부모님들께서 가장 궁금해하시는 건 아마도 내년 방과 후 영어 교육의 가능 여부이실 텐데요."

우리는 그 학교를 설명하는 자리에서, 그 학교를 대표하는 교장 선생님의 첫마디가 '방과 후 영어 교육'에 대한 안내인 걸 이해하기 힘들었다. 여자아이들이 교복 바지를 입기 시작한 게 채 2년이 되지 않았다는 이야기도 충격적이었다. 여자는 바지를 입을 수 없다는 교칙에 맞서 싸워야 했던 게 무려 20년 전, 나의 학창 시절 이야기 아니던가. 강산이 변한다는 세월이 두 번이나 지났건만 아직도 제자리라는 게 새삼 놀라웠다.

"우리가 너무 세상 물정을 몰랐나 봐. 수업료 부담도 학업량도 장난이 아닌데?" 동의할 수 없는 것들이 많았지만 남편은 일단 지원을 해 합격하면 고민하자고 제안했다. 보내고 싶다고 보낼 수 있는 곳도 아니고 추첨을 통해 뽑혀야만 들어갈 수 있는 학교이니 미리 고민을 해 무엇하겠냐는 그의 말은 묘하게 설득력이 있었다. 우리는 입학 원서를 제출했다. 나는 아이의 손을 잡고 접수 번호가

지정해 준 교실에 들어가 앉았다. 행운의 여신은 올해도 우리 편이었는지, 우리는 입학 허가서를 받아 돌아왔다. 하지만 결국 우리는 그 학교에 전화를 걸어 입학하지 않겠다는 의사를 밝혔다. 별도의 설명회는 없지만 미리 전화를 걸어 협의하면 언제든 학교를 방문해 둘러볼 수 있는 우리만의 공립 학교 투어를 다녀온 뒤의 결정이었다.

공립 초등학교의 소문이 좋지 않은 이유, '그게' 문제라고요?

다양한 특성화 교실에 실내 체육관, 전교생이 한 번에 밥을 먹을 수 있는 대규모 급식실까지. 집 앞의 공립 학교는 사립 초등학교 못지않은 시설에 너무 이른 하교 시간을 보완해 줄 방과 후 교실까지 알차게 마련되어 있었다. 그럼에도 불구하고 이 학교가 '소문이 좋지 않은' 이유는 크게 두 가지였다. 첫째, 특수 학급이 있는 장애 통합 학교라는 것과 둘째, 빌라에 사는 아이들이 많다는 것. 나는 몇 해 전 특수 학교 설립에 반대하는 주민들 앞에 무릎을 꿇고 엎드려 우리 아이들도 교육을 받을 수 있게 해 달라고 애원하는 부모님들의 모습이 문득 떠올랐다.

"나는 하윤이가 장애가 있는 친구들과 함께 어울릴 수 있는 환경에서 자랐으면 좋겠어."

"나도 그래. 사실 모든 학교가 장애 통합 학교로 운영되어야 하는 게 맞지. 몸이 불편한 친구들도 집에서 가까운 학교를 편하게 다닐 권리가 있잖아."

남편과 나는 어린 시절 한 동네에 살면서 나란히 장애 통합 학교를 다녔다. 그리고 자연스럽게 몸이 불편한 친구들과 같은 공간에서 함께 공부를 했다. 그때도 그걸 탐탁지 않아 하는 어른들이 많았지만 우린 그 환경이 참 좋았다 회상한다. 장애란 기피하고 감춰야 할, 숨기고 멀리해야 할 대상이 아니라 너랑 내가 다른 얼굴인 것처럼 각자 조금 다른 모습으로 함께 살아가는 것일 뿐임을 배울 수 있었으니까.

우리 부부에게 장애 통합 학교라는 건 피해야 할 이유보다 선택하고 싶은 이유였다. 딸아이가 일곱 살이던 어느 날 "엄마, 우리 집은 몇 동이야? 무슨 아파트야?"라고 물어 본 말에 "우리가 살고 있는 집은 아파트가 아니고, 그래서 몇 동이라는 주소가 없어"라고 답했던 우리였다. 따라서 빌라에 사는 아이들이 많다는 이유 또한 문제가 되지 않았다. 아파트에 살지 않는 우리 아이가 아파트에 사는 아이보다 불안정하고 위험한 아이로 자랄 확률이 크다고 결코 말할 수 없다는 걸 우리 부부는 너무나도 잘 알고 있기 때문이다.

'빌거(빌라 사는 거지)'랑은 놀지 말라고, '휴거(휴먼시아, 즉 임대 아파트 사는 거지)'들은 다른 통로를 이용하라고 가르치는 대한민국에서, 그 사람이 사는 집과 타고 다니는 차, 연봉과 지위, 학벌과 집안으로 상대를 쉽게 평가하고 배제하는 이곳에서 '적절한 환경'과 '바람직한 교육기관'은 대체 무엇일까 더듬어 본다. 아이의 평생 커리어를 좌우한다는 인맥과 학벌을 위해 우리는 무리를 해서라도 '빌거'가 많지 않은 학교를 보내야 하는 걸까?

안전한 환경, '진짜' 바람직한 사회란

여자아이에게 더욱 필요하다는 '안전한' 환경이 뭘까를 고민하다 장혜영 감독의 《어른이 되면》을 떠올린다. 18년간 시설에서 지냈던 발달장애인 동생과의 일상을 담은 다큐멘터리를 제작한 감독은 이렇게 말한다. 우리는 살아가며 마주하는 무수한 만남과 관계의 기회 속에서 행동하는 법을 배운다고, 나를 가치 있게 생각하는 사람들과의 촘촘한 관계망을 만들어 가고, 그렇게 자신의 삶을 살아가게 된다고. 더불어 이 세상은 결코 혼자만의 능력과 자원으로 살아갈 수 없으므로 우리의 삶은 내가 어떤 관계망에 속해 있느냐에 따라 엄청난 영향을 받을 수밖에 없는데, 장애를 가지고 태어났다는 이유만으로 이 모든 기회를 완전히 박탈당한 채 시설에서 자랄 수밖에 없었던 동생의 삶을 반추하며 그는 고백한다.

"같은 사회를 살아가는 사람의 인간적인 삶 없이 우리에게도 인간적

인 삶은 없다고 생각합니다."

–장혜영, 《어른이 되면》 중에서

　장애가 있든 없든, 사는 집이 아파트든 빌라든, 가진 권력이 많
든 적든 우리가 우리 아이에게 제공해 주어야 하는 환경은 다른 배
경, 다른 몸을 가진 친구로부터 격리된 온실이 아니라 모두가 함께
살아갈 수 있는 사회, 그 안에서 모두가 존중받는 세상이 아닐까?
혹시라도 아이가 커서 '빌거'라는 말을 듣는다면, 우리가 빌라에
사는 게 부끄러운 일이 아니라 그런 말을 아무렇지 않게 내뱉는 사
람들이 부끄러워해야 한다는 걸 아는 아이로 자랐으면 좋겠다.

　오늘도 나는 아이의 손을 잡고 집을 나선다. 우리가 선택한 안
전하고 바람직한 학교를 향해서.

○ 2

—

여자를 향한 폭력,
가정도 사랑도 예외는 없다

"엄마, 모자랑 사람이랑 똑같은 거야?" 눈을 뜨자마자 '학교 가기 싫다'를 읊으며 하루를 시작하는 초등 1학년 적응기인 3월의 어느 날, 아이가 학교에서 돌아오자마자 내게 물었다. "모자랑 사람이 어떻게 똑같아, 완전히 다르지. 둘 다 두 글자라는 것 빼고는 모든 게 달라. 그런데 왜 그런 걸 물어? 오늘 학교에서 두 글자로 된 글씨 배웠어?" 학교에서 무슨 일이 있었길래 이런 질문을 하는 걸까, 도무지 예측 불가능한 상황에 대한 상상을 포기하고 물었지만 아이는 아랑곳하지 않고 다시 물었다. "그러니까 모자랑 사람은 안 똑같다는 거지?"

"당연하지, 모자는 물건이고 사람은 살아 있는 생명이잖아. 생긴 것도 다르고, 종류도 다르고, 모든 게 달라. 절대 똑같지 않지." 모자와 사람이 어떻게 다른지, 얼마나 다른지, 왜 둘이 결코 같을 수 없는지에 대해 숱하게 듣고서야 아이는 입을 열었다. 오늘 학교에서 바닥에 떨어져 있는 어떤 오빠의 모자를 미처 보지 못하고 지나다 발로 차게 되었는데, 그걸 본 남자아이가 '네가 내 모자를 찼으니 나는 너를 차야겠다'며 딸아이의 정강이를 걷어찼다는 것이다.

"어머, 세상에. 그런 일이 있었어? 그거 정말 나쁜 행동인데! 모자랑 사람은 다르지. 모자는 물건이고 사람은 생명인데! 사람은 발로 찰 수 있는 게 아니야. 사람은 절대 때리면 안 돼!" 한껏 흥분해서 의도하지 않은 실수와 의도적인 보복의 차이, 무생물과 생물의 차이를 줄줄 읊어 대며 남학생의 행동이 잘못되었음을 강조하는 나에게 아이는 말했다. "그래? 그치만 엄마도 나 때린 적 있잖아. 내가 다섯 살 때 엄마도 내 엉덩이 때렸잖아."

100번, 아니 1,000번은 넘게 말하고 사과했을 그날의 사건은 여전히 이렇게 예고 없이 튀어나와 내 숨통을 조여 온다. 나는 성장 과정 내내 나를 향해 가해졌던 체벌은 물론 체벌이란 이름 하에 자행되는 모든 '폭력'을 극도로 혐오하는 아이였다. 준비물을 가져오지 않았다는 이유로 정강이를 걷어차이고, 감히 선생님을 기분 나쁘게 쳐다봤다는 이유로 뺨을 맞는 게 일상이었던 시절, 이유 불문, 대상 불문, 내 몸에 가해지는 모든 폭력은 참을 수 없는 충격이었다. 피할 수 없는 체벌을 경험할 때마다 느꼈던 분노와 굴욕은 아직도 생생하다. 내가 교사가 된다면 절대 체벌을 하지 않을 거라고, 나는 결코 아이를 때리지 않는 부모가 될 거라고 수없이 다짐하고 결심했지만 엄마가 된 나의 현실은 이렇게 수시로 절망과 수치를 몰고 온다.

나의 체벌, 나의 실수, 내가 무너트렸던 양육 태도

아이가 세 살이었을 때 한 번, 다섯 살이었을 때 한 번. 숨이 넘어갈 듯 악을 쓰며 고집을 부리는 아이 앞에서 이성을 잃고 엉덩이를 때린 그날, 내가 무너트린 건 아이의 생떼가 아니라 내가 세웠던 육아 원칙이자 고수했어야 할 양육 태도였다. 아이를 향한 폭력은 안 된다고, 나에겐 아이를 때릴 권리가 없다고, 그 어떤 사람도 다른 누군가를 때려도 될 자격 같은 건 가질 수 없다고 누누이 말하던 나는 아이 앞에서 거짓말쟁이 엄마가 되고야 말았다. 그것도 무려 두 번이나. 그나마 다행인 것은 때마다 진솔하게 사과했다는 점이랄까?

"그때 일은 엄마가 정말 미안해. 하윤이가 아무리 말을 안 듣고

떼를 써도 때리면 안 되는 거였는데, 엄마가 화를 참지 못하고 잘못된 행동을 했어. 엄마도 엄마가 처음이라 미숙하고 실수가 많아. 엄마도 사람이라 화가 나면 하윤이처럼 소리도 막 지르게 되고 감정을 다스리기가 어려운데, 엄마는 어른이고 하윤이보다 힘이 센 사람이니까 아무리 화가 나도 하윤이를 아프게 하거나 겁을 주면 안 되는 거였어. 하윤아, 엄마를 한 번 더 믿어 줄 수 있을까? 앞으로는 절대 그런 일이 없도록 노력할게."

나는 진심 어린 사과와 변명, 내가 하고 있는 노력과 성과를 강조하며 잃어버린 신뢰를 회복하기 위해 애를 쓰지만, 아무런 예고도 없이 그날의 사건을 입에 올리는 아이의 말에 억울한 기분이 들기도 한다. '아니, 이게 그렇게 수도 없이 사과를 할 일이야? 일주일에 두 번도 아니고 8년간 딱 두 번! 그것도 엉덩이 팡팡 딱 두 번인데! 내가 이렇게까지 사과를 해야 돼? 내가 그렇게까지 막돼먹은 폭력 엄마, 비정상은 아니잖아? 이 정도면 그래도 꽤 괜찮은 엄마 아냐?'

나의 어린 시절에 비하면 이건 양반이라고, 우리 때에 비하면 너는 정승이 따로 없다고, 꼰대들의 특징이라는 3종세트 "나 때는 말이야", "세상 좋아졌지", "우리 때였으면 너희는" 소리가 목 끝까지 올라올 때마다 나는 떠올린다. '정상가족' 내에서 허용하는 체벌과 '비정상가족'에서나 일어나는 학대는 결코 다른 것이 아니며 체벌과 학대는 두부 자르듯 명확하게 구분할 수 없다는《이상한 정상가족》속 주의 경고를.

체벌이 문제인 이유, 부모 체벌이 금지되어야 하는 이유

《이상한 정상가족》의 저자 김희경은 저출산, 과도한 사교육, 아동 학대, 해외 입양 등 우리 사회 곳곳에 퍼진 문제의 원인을 '가부장제를 근간으로 한 정상가족 이데올로기'에서 찾는다. 아이를 자신의 소유물처럼 바라보고 통제하는 경향이 강한 우리나라의 경우 체벌과 학대의 경계가 더 모호해질 가능성이 높으며, 실제로 2016년 국내에서 발생한 아동 학대 사건 중 가해자가 친부모인 경우가 75.9%에 이른단다. 나는 가족 내 부모 체벌 자체를 법으로 금지해야 한다는 그의 낯선 주장에 완전히 넘어가고야 말았다. 동의할 수밖에 없는 가족문화와 등골이 오싹해지는 통계자료 때문만은 아니었다. 체벌이 문제인 이유를 설명한 문장에 덜컹, 가슴이 주저 앉았기 때문이다.

"**내가 맞을 짓을 했다** : 체벌이 훈육 방법으로 효과적이지 않으며 해롭다는 것을 넘어서서 내가 체벌이 문제라고 생각하는 더 큰 이유는

아이들에게 폭력도 사랑이라고 가르치며 가해자의 논리를 내면화 하

도록 만들기 때문이다."

– 김희경, 《이상한 정상가족》 중에서

사랑해서 그런 거라고, 너를 위해서 그런 거라고, 연인 사이에
다투다 보면 뺨 몇 대쯤 때릴 수도 있지 뭘 그렇게 예민하게 구냐
고. 데이트 폭력에 시달리던 스무 살의 누군가가 들었던 말을 오늘
이 시간 또 다른 누군가가 듣고 있을지 모를 일이다. '사랑의 매'라
는 논리는 얼마나 무서운가. 사랑해서 때린다니, 사랑과 체벌이 함
께일 수 있다니. 때리는 사람의 의도가 무엇이든 간에 폭력은 그
무엇으로도 정당화될 수 없다고, 체벌은 엄연히 별개의 인격체에
대한 구타고 폭행이라고 강조하는 저자의 말을 곱씹을수록 어쭙
잖은 '자백'이 사라진다. 바닥에 납작 엎드려 잘못을 빌게 된다.

사랑이라는 이름으로 가해지는 통제와 감시, 폭언, 협박, 폭행
모두가 '사적인 문제' 아닌 '범죄'와 '폭력'임을 알 수 있도록, 내 아
이가 그 끔찍한 폭력의 피해자가 되지 않을 수 있도록 나는 아이
에게 올바른 사랑의 표현을 가르쳐야 한다. 그러기 위해서는 내가
먼저 가해자가 되지 말아야 한다. 아이를 노려보고, 빈정대고, 거
칠게 잡아채고, 위협하고, 과도한 학업을 강요하고, 선행학습을 강

제하는 부모들의 흔한 태도 또한 학대고 폭력이라는 지적을 한시도 잊지 않기 위해 끊임없이 경계하며 점검한다. 또한 나는 이러한 학대와 폭력을 사랑과 애정으로 포장하지 않으려 주의한다. '좋아해서 하는 괴롭힘'은 있을 수 없으므로, '사랑해서 휘두르는 폭력' 따위는 존재하지 않으므로.

'여자와 북어는 패야 제맛'이라는 속담이 돌 맞을 소리가 된 오늘날처럼, 학교 내 체벌이 금지된 요즘처럼, 가정 내 부모 체벌 역시 용인할 수 없는 범죄가 될 날이 머지않아 올 것이다. 아동 인권에 대한 감수성은 여전히 갈 길이 멀다지만 너무 늦기 전에 나도 한 걸음을 내디뎌 본다. 폭력은 결코 사랑의 표현이 될 수 없다는 당연한 진리를 향하여.

03
—

여자의 몸매,
날씬과 예쁨을 넘어서

"엄마, 우리 반에서 내가 또 1번이야. 다른 친구들은 엄청 크더라! 다들 나보다 이만큼이나 더 커!" 예정일보다 한 달이나 빨리 세상에 나온 11월생 아이는 어디를 가나 또래 중에 키가 가장 작은 축에 속했다. 겨울엔 칼바람에 콜록콜록, 봄에는 꽃가루에 훌쩍훌쩍, 여름엔 에어컨 바람 탓에 콧물이 멈추지 않더니, 가을엔 목이 꽉 잠겨 쇳소리만 나오기 일쑤. 사계절의 다채로운 풍경은 때마다 감기를 몰고 오는 다양한 원인이 되었다. 아이는 기관 생활 내내 감기약을 달고 살았다. 우리 부부는 그런 딸아이의 건강이 염려스러워 돌부터 매년 보약을 챙겨 먹였다.

두 모금이나 될까 싶은 하루치 한약 한 포가 만 원이 넘는 소아 전용 한의원을 거쳐 국내 최대 한약 유통 중심지라는 경동시장의 단골손님이 되기까지. 꼬박 6년간 거르지 않고 먹인 보약의 효과가 나타나기 시작했던 걸까? 아이는 만 여섯 살 생일을 기점으로 '감기가 뭔가요, 소아과에 언제 가 봤더라?' 모드로 태세를 전환했다. 한 달, 세 달, 여섯 달이 지나도록 가벼운 감기 한 번 앓지 않고 항생제를 입에 대지 않게 된 아이는 입맛 없다며 밥을 밀어 버리는 일 없이 매 끼니 잘 먹기 시작했다. 잘 먹어서 다행이다, 밥 먹는 모습만 봐도 배가 부르다는 말이 절로 나오던 1년 열두 달. 채 2년이 되지 않아 나는 걱정을 하기 시작했다. '너무 잘 먹는 거 아닐까?', '그만 먹여야 하나?', '저러다가 소아 비만이 되면 어떡하지?'

과체중이라는 세 글자, 그 강렬한 무게

"감기 한 번 안 걸리고 잘 먹고 잘 크는 건 좋은데 요즘 살이 너무 찐 것 같지 않아? 저번에 인바디 결과도 과체중이더라고. 배가 너무 나온 거 같지 않아? 관리를 좀 해 줘야 할까?" 나는 부쩍 통통해진 아이의 몸을 떠올리며 남편에게 말했다. '과체중'이란 세 글자가 주는 이미지는 어찌나 강렬한지 아이를 키우는 내내 키가 크지 않아서, 몸무게가 늘지 않아서 걱정이라고 달고 살던 말은 순식간에 사라졌다. 나를 닮아 비만 유전자를 타고난 건 아닐까, 나를 닮아 유난히 배가 뽈록한 체형인 건 아닐까, 내가 먹이고 허락했던 모든 음식을 돌아보며 나는 '먹여도 될 것'과 '먹이지 말아야 할 것'을 엄숙하게 분류해 대기 시작했다. 여덟 살 아이의 과체중 진단 결과를 듣고 이토록 심각한 나는 정말 아이의 '건강'을 염려하는 걸까, 통통해진 '몸매'를 걱정하는 걸까? 나 스스로도 온전히 자유로울 수 없는 체중에 대한 강박과 날씬에 대한 기대 앞에서 나는 확신에 찬 대답을 하지 못한 채 쭈뼛거렸다.

* 몸무게가 중요한 게 아니야 vs 그래도 5kg만 빠졌으면 좋겠어
* 날씬을 향한 욕망은 세상이 만들어 낸 결과일 뿐이야 vs 그래도 한 번쯤은 말라 보고 싶어

한 사람을 평가하는 잣대가 몸무게일 수는 없다고, 여성의 능력을 증명하는 지표가 사이즈일 수는 없다고, 사회가 강요하는 획일화된 미에 마구 이의를 제기하면서도 내가 올라선 체중계 위의 숫자가 작아지기를 바라는 내 마음의 뿌리는 좀처럼 사라지지 않는다. 나는 내 안에 이미 깊숙이 자리한 '날씬'에 대한 욕망과 내 몸에 대한 부정적인 '보디 이미지'를 되물림하지 않기 위해 안간힘을 쓰지만, 아이는 벌써 자신의 몸을 평가하고 비교하기 시작했다. "엄마, 나 뚱뚱해? 내가 유빈이보다 뚱뚱하지?"

"왜? 하윤이는 날씬한 게 좋아? 뚱뚱하면 안 돼?" 마치 나에게
는 뚱뚱하고 싶지 않은 마음, 날씬하고 싶은 마음이 없는 양 되묻
지만 아이는 대답한다. 뚱뚱한 건 돼지라고, 나는 돼지가 싫다고.
너무 명료해서 황망해지는 아이의 말 앞에서 나는 빛의 속도로 지
난날의 나의 언행을 되짚는다. 혹여나 아이 앞에서 경솔한 발언을
한 게 아닐까 싶어서. 하지만 이내 내가 아니더라도 아이가 보는
만화와 아이가 가지고 노는 장난감, 아이를 둘러싼 미디어와 문화
에는 이미 뚱뚱을 향한 비난과 날씬을 향한 찬사가 만연하다는 것
을 깨닫게 된다. 그리고 그 기준과 잣대는 이제 겨우 여덟 살밖에
되지 않은 아이의 마음에도 자연스럽게 들어앉은 것이다.

"미디어에 등장하는 여성의 이미지에는 세 가지 문제점이 있다. 우
선, 이미지가 비현실적이고 비전형적이다. 이는 현실의 여성에 대한
우리의 감각을 왜곡한다. 두 번째로, 그 이미지는 성공, 연애, 행복과
끊임없이 연결되어 특정한 유형의 아름다움이 더 나은 삶으로 향하
는 열쇠라는 개념을 강화시킨다. 마지막으로 가장 중요한 문제는, 이
런 이미지 속의 여성은 빈번히 성적으로 대상화되어 여성을 사물로
취급하는 경향을 강화시킨다는 것이다. 미디어의 흐름은 여성에 대
한 여러 부정적인 심리와 연결되어 왔다."

— 러네이 엥겔른, 《거울 앞에서 너무 많은 시간을 보냈다》 중에서

미디어 속 '커리어 우먼'은 결코 뚱뚱하지 않다. 전문직에 종사하는 지적인 여성, 이른바 성공한 여자는 하나같이 날씬한 몸매를 뽐낸다. 반면 뚱뚱한 몸은 주책스럽고 우스꽝스러운 캐릭터와 연결된다. 뚱뚱함은 아주 빈번하게 놀림과 조롱의 이유가 된다. 여자의 몸매와 외모는 단순히 예쁨과 예쁘지 않음의 미적 기준을 넘어, 누가 능력 있고 인정받느냐의 문제, 즉 사회적 지위의 상징으로 작동한다.

아이들을 둘러싼 아이돌 문화, 이대로 괜찮을까?

'가늘다 못해 바늘 같은 각선미', '개미 허리를 넘어 소멸 직전의 허리'를 찬양하고 경외하는 미디어 속의 연예인은 55, 66으로 대표되는 이분법적인 여성 사이즈를 넘어 44도 큰 33반 사이즈를 완성한다. 하루에 사과 한 개를 '죽지 않을 만큼만' 나눠 먹는다는 아이'돌'의 식단은 아이'들'의 욕망을 부추긴다. 초등학생이 보는 만화에도 다이어트를 소재로 한 에피소드가 흔히 등장하고, 살이 찐 아이는 따돌림의 대상으로, 날씬하고 예쁜 아이는 모두의 부러움을 사는 히어로로 그려지는 일이 태반이다.

"제일 큰 고민은 3~4학년만 돼도 애들이 밥을 잘 안 먹는다는 거예요. 스스로 조금만 달라는 경우도 있지만, 다른 친구들 눈치 때문에 먹지 못하는 경우도 많아요. 넌 그렇게 먹으니까 뚱뚱한 거다, 그러니까 살이 찌는 거다 놀려 대면서 누가누가 적게 먹나, 누가누가 더 말랐나 경쟁을 벌이니까요. 그러니 애꿎은 급식만 홀대를 받는다니까요? 한창 커야 할 아이들이 밥도 제대로 못 먹고 겨우 버티다가 집에 가서 빵이나 과자, 라면으로 배를 채운다니 진짜 기가 막히고 속이 상해 죽겠어요."

급식 모니터링에서 만난 영양사 선생님의 한탄은 머지않아 나의 고민이 될 것이다. 사춘기 내내 나를 괴롭혀 온 날씬에 대한 처절한 욕망, 아니 그때부터 지금까지 내 발목을 잡고 있는 외모 강박은 더욱더 거대해진 모습으로 내 아이 앞을 막고 있다. 나는 아이에게 체중계 위의 숫자 하나로 일희일비하는 일상, 내 몸집의 크기에 따라 내 가치의 경중을 판단하는 세상을 대물림하고 싶지 않다. 날씬과 예쁨을 소유하는 방법을 가르치고 싶지 않다. 내가 보여 주고 싶은 것은 나의 신체적 결점을 극복하고 이뤄 낸 자기 승리의 역사가 아니다. '비포-애프터'를 뽐내며 증명하는 철저한 자기관리의 모범도 아니다. 나는 뚱뚱한 몸과 날씬한 몸매의 구분은 물론, 건강한 몸과 건강하지 못한 몸의 경계를 넘어 '있는 그대로의 내 몸'을 사랑할 줄 아는 법을 전하고 싶다. 그래서 제발 그 방법을 배우고 싶다. 나 자신이 외모 강박에서 벗어나지 못한 상태로는 내 아이의 외모 강박을 벗겨 줄 길이 요원하기 때문이다.

우리 모녀의 외모 강박 탈출을 위한

to do list

1. 왜곡된 미디어 탈출! 이상화되고 대상화된 여성의 이미지를 담은 (대부분의) 미디어를 멀리하고 외모 위주의 SNS 채널 구독하지 않기.

2. 외모 품평은 이제 그만! 나의 몸매는 물론 타인의 몸매와 외모에 대해 말하지 않기.

3. 외관 아닌 기능에 집중! 나의 몸을 사랑하고 존중하는 방법을 찾아 실천하고 몸으로 할 수 있는 능력에 집중하기.

4. 예쁨 아닌 능력에 감탄! 아이와 타인에게 외모에 대한 칭찬 대신 그가 가진 자질과 능력, 노력과 성과를 격려하기.

그리하여 나는 실천한다. 나의 몸을 끊임없이 비현실적인 이미지와 비교하게 만드는 미디어를 차단하고, 칭찬으로 여겨지는 흔한 말들, "어머! 살이 빠지셨나 봐요. 예뻐지셨어요! 오늘 유난히 더 아름다우신데요?" 따위의 외모 품평을 중단한다. 상대의 몸매와 옷차림, 화장과 피부에 대한 칭찬은 그 내용과 상관없이 한 사람의 가치를 평가하는 잘못된 기준이자 폭력으로 작동함을 이제는 알기 때문이다.

동시에 내 몸에 대한 품평도 멈추고자 한다. 어제보다 살이 빠졌네 안 빠졌네 평가하며 거울 속에 보이는 S라인에 집착하는 대신 매일 아침 스트레칭과 근력 운동을 하며 어제보다 유연하고 단단해진 몸의 움직임에 주목하고자 한다. 그래서 나는 160cm에 62kg인 지금 몸매 그대로 핑크색 타이즈와 쫄쫄이 레오타드를 입고 발레를 한다. 발레라는 운동과 예술은 단지 하늘하늘한 마른 몸매의 사람들에게만 허락된 문화가 아니라는 사실, 나는 내 몸에 대한 세상의 평가와 상관없이 오늘의 내가 원하는 즐거움을 기꺼이 누릴 자격이 있다는 진리를 삶으로 증명하고 싶기 때문이다.

나의 노력, 보다 정성스러운 사랑의 표현

"오늘도 엄마 딸로 존재해 줘서 고마워. 하윤이가 엄마를 배려해 준 덕분에 엄마가 오늘 더 편안하게 일할 수 있었어. 학교에서 열심히 공부하느라 애썼어. 오늘도 친구들이랑 사이좋게 잘 지냈다니 엄마는 하윤이가 엄마 딸인 게 자랑스러워. 오늘도 엄마의 힘이 되어 줘서 고마워, 우리 딸." 그리고 말한다. 또 감탄한다. 아이의 외모 아닌 내면, 예쁨 아닌 노력과 성과, 존재 그 자체에 대해서 보다 정성스럽게, 게으르지 않게.

아무 생각 없이 반복하던 "우리 예쁜이, 우리 공주님, 너는 어쩜 이렇게 예쁘니? 세상에서 네가 제일 예뻐!"처럼 처음부터 끝까지 예쁘다는 칭찬이 최고의 찬사이자 유일한 감탄이었던 시절은 이제 없다. 우리의 가치는 단지 '예쁨'으로 정의될 수 없으므로, 우리는 '예쁨'을 넘어 더 많은 것을 발견해야 하므로. 나는 끊임없이 우리를 구속하는 외모의 창살을 넘어 힘차게 나아갈 것이다. 나를 뒤따라올 아이의 자유를 위해서.

여자의 가슴,
봉긋하게? 편안하게!

"엄마, 이게 뭐야? 엄마 거야? 되게 예쁜데! 뭐 할 때 쓰는 거야?" 아이가 브래지어를 들고 나와 물었다. 옷장 정리를 하며 다 버렸다고 생각했는데 남아 있었나 보다. 광택이 넘치는 소재에 레이스가 넘실넘실, 반짝이는 큐빅까지 달린 디자인을 보니 결혼을 하며 큰맘 먹고 구입한 고급 브랜드 속옷이 분명하다. 아마도 나는 몇 번 입지도 않은 고가의 옷을 버리기가 아까워 쓰레기통에 넣지 못했을 것이다. 하지만 그러면 뭐하나, 이렇게 어디 있는지도 모른 채 처박혀 있기만 할 뿐인데……. 나는 더 이상 내게 쓸모가 없는 그 속옷을 쓰레기통에 넣으며 말했다. "응, 이건 가슴에 입는 브래지어라는 건데, 엄마는 이제 안 입어. 이걸 입으면 너무 숨이 막히고 불편해서, 아니 그냥 불편한 게 아니고 맨날 살이 까지고 쓰라리거든."

"그래? 그럼 얼른 버려! 아픈 걸 왜 입어, 편한 걸 입어야지." 애어른 같은 아이의 말에 피식 웃는데 씁쓸함이 몰려왔다. '그러게, 이렇게 아프고 불편한 걸 왜 계속 입었을까? 이걸 입지 않을 수도 있다는 생각을 왜 한 번도 못했을까?'

여자의 상식, 당연히 갖춰 입어야 한다는 브래지어의 괴로움

호흡 곤란과 소화 불량, 수족 냉증을 달고 살면서도 나는 이걸 입지 않고 다닐 수 있다는 생각, 그러니까 이것을 '입지 않을 수도 있다'는 생각 자체를 해 본 적이 없었다. 브래지어는 그냥 '당연한' 거니까, 2차 성징으로 가슴이 나오기 시작하면 무조건 해야 하는 '의무' 같은 거니까. 정숙하고 단정한 학생이라면 브라는 물론이요, 브라 위에 흰색 러닝셔츠까지 꼭꼭 챙겨 입으며 혹시라도 속옷 끈이 보이거나 비치지 않도록 조심해야 했다. 그건 여학생이 지켜야 할 복장 수칙이자 바람직한 모습이었다. 학교에서는 얇은 여름 하복 위로 도톰하게 올라온 브라 후크 자국을 확인하며 브래지어의 착용 유무를 검사했다. 브래지어 끈을 감추지 못하는 얇은 끈이 달린 러닝셔츠 착용은 규칙 위반이었다. 나는 왜 꼭 입어야 하는 속옷을 동시에 감춰야만 하는지 알 수가 없었고, 땀이 줄줄 흐르는 여름날 구태여 옷을 세 겹이나 껴입어야 하는지 이해할 수 없었다.

속옷 착용 외에도 논리적으로 납득할 수 없는 규칙은 많았다. 우리가 항의를 할 때마다 '억울하면 얼른 커서 졸업을 하라'는 답이 돌아왔다. 나는 집에 들어오는 즉시 양말보다도 먼저 브라를 벗어 던지며 여학생이 지켜야 할 복장 수칙에서 탈출했다. 피부가 유난히 예민하고 약한 나는 어깨와 명치에 피가 나고 진물이 맺히는 상처를 달고 살며 샤워를 할 때마다 쓰라림에 치를 떨었다. 브래지어를 착용할 때마다 생기는 벌건 자국과 상처가 '접촉으로 인한 화상 증상'이라는 것을 나는 오랜 세월 전혀 알지 못했다.

브라를 입는 게 당연하다는 '상식', 여자는 브라를 입어야 한다는 '당위'에서 감히 벗어날 수 있다는 걸 깨닫게 된 건 모유 수유를 시작하면서였다. 아이는 엄마의 상황과 장소를 고려하지 않고 밥을 찾아 댔고, 나는 수시로 수유를 해야 했다. 부끄러움이 많은 성격 탓인지, 출산 후 들어갈 생각을 안 하는 뱃살 탓인지, 아무리 수유실이라 하더라도 훌렁훌렁 윗옷을 들추고 맨살을 드러내기가 민망했다. 사람들이 편하다고 추천하는 수유 브라는 대체 이게 왜 편하다는 건지 도무지 이해할 수 없었다. '수유하기 더 편한 속옷,

보다 적절한 속옷은 없을까?' 고민하던 차에 우연히 브라톱을 발견했다.

와이어와 후크가 없는 브라톱은 수유할 시간이 지나 가슴이 퉁퉁 부어도 심하게 졸리지 않았다. 집에서는 가제 손수건을 쏙 넣어 새는 젖을 막기도 편리했다. 상체를 모두 감싸는 길이의 브라톱은 배가 보일 걱정 없이 젖을 먹이기도 용이했다. 무엇보다 획기적인 것은 숨이 턱턱 막히는 브래지어를 하지 않아도 된다는 해방감이었다. 그렇게 꼬박 1년간의 수유를 마치고 단유를 하게 된 후에도 나는 계속 브라톱을 착용했다.

브라 없는 맨가슴의 편안함, 이게 바로 신세계

반팔 안에 민소매를 하나 더 입기 너무 더운 여름만 제외하고 봄, 가을, 겨울 세 계절을 브라톱과 함께 보낸 뒤였을까. 유난히 추위를 많이 타던 어느 겨울 처음으로 내복을 사서 입게 되었는데, 어머나 세상에나. 고무줄로 고정된 캡조차 없는 속옷을 입으니 또 다른 신세계가 열렸다. 두꺼운 니트를 입거나 얇은 옷 여러 개를 겹쳐 입는 계절이니 캡이 없는 속옷을 입어도 외관상 전혀 티가 나지 않았다. '세상에나. 이렇게 편하게 숨을 쉬며 다닐 수도 있는 거구나! 브라톱 없이 밖에 나갈 수도 있는 거구나!' 그때부터 겨울

에는 브라톱 대신 내복을, 봄가을에는 브라톱을, 여름에는 브래지어를 착용했다. 그렇게 1년, 2년, 시간이 지나면서 나는 조금씩 더 과감해졌다. 브라톱조차 입지 않는 맨가슴 생활을 시작한 것이다.

모든 사람이 내 가슴만 쳐다볼까 노심초사 불안했던 시기를 지나 나는 이제 사계절 언제나 브라 없는 가슴의 편안함을 만끽한다. 옷이 얇아지는 여름 외출에도 거리낌이 없다. 한여름의 '노브라'는 등원 시간에 쫓기던 어느 날 아침 우연히 찾아왔다. 아이 등원 준비에 바빠 브라를 하지 않은 채로 밖에 나갔는데, 나 혼자만 전전긍긍했을 뿐, 내가 브라를 하지 않았다는 걸 알아보는 사람은 아무도 없었다. 그리고 나는 깨달았다. 사람들은 생각보다 타인에게 관심이 없다는 사실을.

브라가 사라지니 무더운 여름이 한층 시원해졌다. 절대로 포기하고 싶지 않은 쾌적함이 찾아왔다. 나는 주목받지 않고도 '노브라'를 즐길 수 있는 방법들을 쌓아 갔다. 옷이 얇아지는 여름에도 가슴에 주머니가 달린 셔츠, 레이스 장식이 덧대진 블라우스를 입으면 유두가 드러날 걱정을 할 필요가 없다. 지나치게 얇거나 하늘하늘한 소재의 옷들은 실리콘으로 만든 '니플 패치'를 붙이고 입는데, 나의 옷장은 점점 니플 패치가 필요 없는 옷들로만 채워진다. 일단 한 번 시작하면 절대 다시 돌아갈 수 없는 게 탈脫브라의 세상인지라, 옷을 구입할 때 가장 중요한 요소가 자연스레 '노브라의 가능 여부'로 흘러간 것이다.

> "'상식적으로'에서 상식은 본래의 상식, 즉 사유의 한 양식이라기보다는 그 사유의 무능에 가깝지 않을까. 우리가 상식을 말할 때 어떤 생각을 말하는 상태라기보다는 바로 그 생각을 하지 않는 상태에 가깝다는 점을 생각해 보면 그것은 역시 생각은 아닌 듯하다."
>
> – 황정은, 《디디의 우산》 중에서

성인 여성 97.7%가 브래지어를 착용하고 하루 종일 브라를 입고 있는 20대 여성 비율이 무려 80%에 육박하는 대한민국에서 노브라는 여전히 금기로 여겨진다. 하지만 나는 되묻게 된다. '여자는 반드시 브라를 입어야 한다'는 우리의 '상식'은 과연 얼마나 정당한가? 아이를 키우면서 자연스럽게 마주하게 된 현실은 그동안 내가 당연하다고 여겨 왔던 많은 것이 정말 당연한지를 되묻게 한다. 여자라는 이유로, 아이라는 이유로 강요당하는 당연함은 얼마나 많은지 《디디의 우산》 속 주인공의 말처럼 우리가 '상식적'이라고 말하는 것들은 사실 '생각하지 않은 상태'에 가깝다. 우리의 '상식'은 '사유'의 결과라기보다는 '몸에 밴 습관'인 경우가 많기 때문이다.

되짚어 봐야 할 우리의 상식, 그리고 걸어갈 새로운 발걸음

오늘 이상한 일이 과연 내일도, 그 다음 날도, 그 다음 해, 그 다음 세대에도 여전히 이상할까? 우리의 상식은 언제나 영원할까? 180도 뒤집혀 버린 세상의 상식은 너무도 많고, 그렇게 뒤집힌 상식 속에서 나는 편안하다. 브라 없이 느슨한 하루가 흡족하고 브라 없이 납작해진 실루엣을 사랑한다. 봉긋하게 솟은 가슴이 무슨 의미인지, 무엇을 혹은 누구를 위한 볼륨인지, 없는 가슴을 구태여 부풀려야 하는 이유가 무엇인지, 숨 막히는 답답함을 구태여 선택해야 하는 이유가 무엇인지 나는 그 어떤 이유도 찾을 수 없었고 그래서 벗어났다.

다수의 생각과 인식을 하루아침에 바꿀 수는 없다. 억압을 부술 수는 없다. 하지만 선택하지 않을 수는 있다. 다른 길을 걸을 수는 있다. 익숙하지 않다는 이유로, 다수에 반한다는 이유로, 내 안에서 솟아나는 두려움을 몰아내기만 한다면 말이다.

밟아 본 적 없는 길을 향한 첫걸음은 불안하다. 불안은 착각과 망상을 불러온다. 모든 사람이 내 가슴만 쳐다보고 있는 듯한 착각, 모든 사람이 나를 비난하며 흘겨볼 거라는 망상. 하지만 불안의 지속 기간은 길지 않다. 착각과 망상은 찰나일 뿐, 내딛는 걸음이 쌓일수록 알게 된다. 사람들은 타인에게 관심이 없다는 것, 아무도 타인의 가슴에 주목하지 않는다는 것, 누군가 알아본다 한들 달라질 건 조금도 없다는 것. 무언가에 익숙해진다는 것은 두려움을 몰아내는 과정이다. 낯섦과 공존하는 두려움은 점차 사라진다. 영원할 수 없는 낯섦은 금세 또 다른 익숙함이 된다. 오늘의 내 생각을 바꾸고, 오늘 내 옆에서 잠을 자는 사람의 생각을 바꾸는 것. 오늘의 나에게 "엄마, 이건 뭐야? 이건 왜 입는 거야?" 하고 묻는 아이들에게 해 줄 대답을 바꾸는 것. 이것이 우리 아이들이 살아갈 세상의 모습을 바꾸는 일이라 믿으며 오늘도 나는 누린다. 브라 없는 여름의 천국을.

05

여자의 생리,
은밀하게? 당당하게!

"엄마 뭐 해? 응가해?" 화장실에서 한참 나오지 않는 나를 찾아 쪼르르 달려온 아이에게 나는 말한다. "아니, 엄마 생리컵 비워. 지금 생리 중이라서." "엄마 생리해? 또 피 나? 나도 봐도 돼?" 생리라는 말에 눈을 반짝이며 화장실 문 사이로 빼꼼 고개를 들이미는 아이에게 나는 방금 꺼낸 생리컵을 보여 주고 깨끗이 씻어 질 속으로 다시 넣는다. 한결 가벼워진 몸과 마음으로 뽀송뽀송한 면팬티를 올려 입고 화장실을 나온다. 생리혈에 대한 혐오도, 생리라는 말에 대한 금기도, 지긋지긋했던 생리대도 모두 없는 오늘이 새삼 뭉클하다. 이런 나의 오늘은 20년 만에 찾아온 축복인 것이다.

괴로운 그날, 은밀했던 그것

"너 그거 있어? 내가 갑자기 시작해 버려서……." 지금으로부터 약 20년 전 내가 중고등학교를 다니던 시절, 우리는 생리를 생리라고 부르지 못했다. 갑작스럽게 찾아온 '그날', '그것'이 필요해질 때면 우리는 007 작전이 따로 없는 손놀림으로 '그것'이 담긴 손가방을 정신없이 주머니에 찔러 넣었다. 우리는 화장실에 가는 게 마치 발각될 수 없는 끔찍한 사태인 양 사방을 경계하며 달려갔다. 한 달에 한 번, 30일 중 7일은 함께하면서도 언제나 은밀하게 감춰 두어야 하는 그것은 마트에서도 우리 집 화장실에서도 당당할 수 없었다.

생리를 하는 내내 나를 괴롭혀 온 생리대는 버리고 싶어도 버릴 수 없는 '웬수' 같은 존재였다. 나는 생리대가 닿는 족족 피부가 빨갛게 부풀어 올랐고 극심한 가려움증에 시달렸다. 아무리 자주 갈아 주고 값비싼 제품을 써도 피할 수 없는 고통이었다. 생리는 자연스레 증오의 대상이 되었다. 이제 너도 '진짜 여자'가 된 거라며 꽃다발과 케이크를 선물 받았던 초경은 그저 끔찍한 형벌의 시작에 지나지 않았던 것이다.

"아무래도 엄마를 닮아서 그런가 보다. 엄마도 일회용 생리대를 못 쓰잖아. 엄마가 세탁해 줄 테니까 천 생리대를 써. 네 것은 따로 만들어 줄게." 일회용 생리대를 전혀 쓰지 못하는 엄마는 나를 위한 천 생리대를 직접 바느질해 만들어 주셨다. 하지만 피가 묻은 생리대를 가방에 넣어 집에 다시 들고 와야 한다는 건 공포에 가까운 일이었다. 세탁을 하기 위해 생리대를 담가 둔 대야 속에서 찰랑이는 핏물은 호러가 따로 없는 광경이었다. 나는 그 강렬한 빨강에 매번 몸서리치지 않을 수 없었다. 그 선명한 빨강은 너무도 낯설고 괴이했다. 내가 매일 보는 텔레비전과 잡지, 미디어 속의 그날과 그것은 빨강의 쌍비읍도 찾아볼 수 없는 새하얀 모습으로, 맑고 깨끗한 파랑이 전부였기 때문이다.

골반뼈를 중심으로 척추뼈 하나하나가 뒤틀리는 듯한 통증에 수시로 울컥울컥 쏟아져 나오는 뜨거운 핏덩이들, 혹시라도 피가 샐까, 냄새가 날까 전전긍긍. 잠을 잘 때도 행여나 이불 위에 시뻘건 핏자국을 남길 새라 수시로 깨서 속옷을 확인하고 자세를 점검하기 바쁜 나는 생리 중 조금도 '깨끗하게, 맑게, 자신 있게!' 새하얀 원피스를 입고 싶지 않았다. 틈만 나면 화장실을 (은밀하게) 들락거리며 (비밀스럽게) 생리대를 교체하고, 시간마다 진통제를 털어 넣으며 밀려오는 짜증과 불쾌감을 참기 버거운 '현실의 나'는 발레리나가 따로 없는 옷차림으로 살랑살랑 춤을 추며 상쾌하게 하루를 시작하는 '광고 속의 너'와 같을 수 없었다. 생리를 시작한

열네 살부터 스물아홉 살까지, 나의 15년 생리사는 매달 이 거대한 간극 앞에서 휘청거린 역사이자, 징그럽고 냄새 나고 불편하고 짜증 나는 이놈의 생리 때문에 유난스럽고 신경질적인 '나쁜' 여자로서의 나를 비난하기 바쁜 시간이었다.

오랜 시간 상상할 수 없었던 '생리의 대변혁기'는 생리 단절의 시기와 함께 찾아왔다. 매달 찾아오던 생리가 멈춘 임신 기간은 정기적인 산부인과 진료와 함께였다. 2~4주에 한 번씩 나는 산부인과 대기실에 앉아 내 이름이 불릴 순간을 기다렸다. 세상에는 임신한 사람들이 이렇게 많구나, 새삼 신기해지는 그곳에서 나는 또 하나의 놀라움을 경험했다. 그 어떤 주저와 편견, 감정도 담기지 않은 한마디, "마지막 생리일이 언제인가요?"를 들을 때마다 나도 모르게 속이 시원해진 것이다.

'이렇게 탁 트인 공간에서 생리를 생리라고 할 수도 있는 거구나. 생리를 생리라고 하는 게 너무도 당연한 거구나. 아무것도 아닌 거구나!' 웅성웅성 대기실을 가득 채운 사람들 그 누구도 간호사 입에서 나온 '생리'라는 말에 반응하지 않았다. 생리는 그냥 생리일 뿐이었다. 지극히 사무적인 생리, 무미건조한 생리, 일상적인 생리, 당연한 생리.

"제가 지금 생리 중이라서요."

내가 알던 생리와 전혀 다른 생리를 만나고 난 후, 나는 다시 찾아온 생리를 '생리'라고 말하기 시작했다. 한집에 사는 남편은 물론 가까운 지인들, 헬스장의 트레이너에게도 "제가 지금 생리 중이라서요"라고 말했다. '생리'라는 말을 입 밖으로 꺼낼 때마다 짜릿함이 느껴졌다. 생리가 주는 짜증과 불쾌가 내려가는 기분이었다. 내가 느끼면서도 도대체 알 수가 없었던 명명命名의 힘은 책을 통해 밝혀졌다. 무언가를 정확한 이름으로 부른다는 것은 결코 아무것도 아닌 일이 아니었다. 고작 말 한마디, 겨우 단어 하나는 변화를 만들어 내는 중요한 단계였던 것이다.

> "무언가를 정확한 이름으로 부르는 행위는 무대책·무관심·망각을 눈감아 주고, 완충해 주고, 흐리게 하고, 가장하고, 회피하고, 심지어 장려하는 거짓말들을 끊어 낸다. 호명만으로 세상을 바꿀 수는 없지만, 호명은 분명 중요한 단계다."
>
> — 리베카 솔닛, 《이것은 이름들의 전쟁이다》 중에서

내가 그의 이름을 불러 주었을 때 비로소 그는 몸짓 아닌 꽃이 되었다는 어느 시인의 유명한 구절처럼 모든 이름에는 힘이 있고, 그 대상이 정확한 이름으로 불리는 것은 그 이름을 둘러싼 세상을

변화시키는 첫걸음이었다. 내가 생리를 '그날'이나 '마법'으로 돌려 말하는 동안 나는 자연스럽게 생리를 감추고 숨겨야 할 일로 여겼다. 생리는 남사스럽고 부끄러운 것이었다. 내가 매달 일주일씩이나 반복하는 행위임에도 불구하고 생리에 대한 이해는 없었다. 내 몸에서 나오는 생리혈의 양이 얼마나 되는지도 알지 못했다.

생리에 대한 공부는 2016년, 인터넷을 검색하던 중 우연히 알게 된 생리컵을 계기로 시작했다. 질 속에 컵을 넣어 생리대를 대신한다는 그것의 기능보다 놀라웠던 것이 한 번 생리를 할 때 나오는 피의 양이었다. 사람에 따라 차이는 있지만 생리혈의 양은 평균 $50{\sim}60ml$ 내외로, 요구르트병 한 개 정도밖에 되지 않는단다! 고작 요구르트병 하나라니! 일주일 내내 매달 나를 괴롭혀온 그 '어마어마'한 피가 고작 $50ml$, 겨우 $50ml$라는 데 나는 경악을 금치 않을 수 없었다. 그렇게 내 몸에 대한 이해를 넓혀 갔다.

생리 인생, 제2막의 시작

나는 생리대에서 벗어날 수 있다는 가능성 하나만으로 생소하기 짝이 없는 생리컵을 번거롭기 짝이 없는 해외 직구를 통해 구입했다. 생리컵은 생리대 없는 생리 기간의 뽀송함과 자유를 선물해 주었다. 이제 생리컵 없는 생리는 상상할 수도 없다. 여러 부작

용의 가능성도 있다지만 나에겐 별다른 문제가 없었다. 생리대보다 심각한 부작용을 야기하는 생리용품을 다시 만나기는 쉽지 않을 거라고 생각이 들 만큼 괴로웠으니까. 해외 직구로만 구입할 수 있던 시절을 지나 이제 생리컵은 국내에서도 쉽게 구할 수 있는 생리용품이 되었지만 많은 여성에게 생리컵은 여전히 생소하고 무서운 존재다. 질 안에 무언가를 넣는다는 사실만으로 등골이 오싹, 두려워지기 때문이다.

"생리컵이나 탐폰을 쓰면 처녀막이 찢어지는 거 아닌가요?", "생리컵이나 탐폰을 사용하면 질이 늘어나서 남자들의 만족도가 떨어진다는데……", "그럼 그 더러운 걸 내 손으로 닦아야 하나요?" 생리컵에 대한 질문이나 고민을 듣다 보면 우리가 우리 몸에 대해 얼마나 무지하고 존중감이 없는지를 깨닫게 된다. 존재하지도 않는 '처녀'막(오랫동안 '순결'을 증명하는 존재로 여겨지던 '처녀막'은 질을 막고 있는 '막'이 아닌 동그랗게 테두리를 두르고 있는 링 모양의 '주름'으로 개인마다 두께와 모양, 탄력성의 차이가 있기 때문에 성관계 없이 파열될 수도, 성관계 후 완전한 상태로 존재할 수도 있다. '처녀막'은 '처녀'와 무관할뿐더러 여성의 순결을 강요하는 문화를 담고 있어, 최근에는 '질주름'이란 단어로 바꿔 쓰는 추세다)에 대한 걱정이나 출처를 알 수 없는 헛소문, 내 몸에서 나오는 피에 대한 혐오는 여전히 만연하다. 이는 우리 몸을 정확히 바라볼 수 있는 눈을 가리고, 이로 인해 더 다양한 생리용품을 선택할 수 없도록 만든다.

나는 아이에게 여자의 성기를 명확하게 지칭하는 그림책을 보여 주며 우리 몸의 일부를 되찾는다. '남자아이의 성기를 완곡하게 부르는 말'이라는 잠지 대신(놀랍게도 잠지의 사전적 의미는 '남자' 아이의 성기를 완곡하게 부르는 말로, 여자아이의 성기를 지칭하는 단어는 없다) 음순과 음핵이라는 정확한 호칭을 사용하라는 성교육 강사의 조언에 따라 꾸준히 노력한다. 오랜 세월 이름조차 갖지 못한 여자아이의 성기와 여전히 명확한 호칭으로 불리기 힘든 여자의 성기, 그저 그 이름을 입에 담는 것조차 꺼리는 우리의 관습이 우리의 성기를 배제하고 외면하게 만듦을 이제는 알기 때문이다.

"엄마, 생리컵 꽉 찼어? 넘쳤어?" 엄마가 생리컵을 비우겠다며 화장실에 들어가면 엄마 몸 속에서 뿅 하고 빠져나온 컵 속의 피가 궁금해 눈을 반짝이는 아이에게 나는 거리낌없이 컵을 보여 주고 말한다. "응, 이만큼 찼어. 엄청 신기하지?" 아이는 고개를 끄덕이며 이 피도 다쳤을 때 나는 피랑 똑같은 거냐고 되묻는다. "이건 어디가 다쳐서 나는 피가 아니야. 한 달에 한 번 아기집이 되지 못한 자궁 벽이 무너져서 나오는 피야. 생리는 한 달에 한 번 하는 거라서 월경이라고 부르기도 하는데, 요즘엔 정혈精血이라는 말을 쓰기도 한대. 맑은 피라는 뜻이거든."

보다 명확하고 적절한 단어를 찾아 바꿔 쓰는 노력은 비단 '단어 하나'의 교체로 머물지 않을 것이다. 우리 사회 문화를 바꿔 가는 길이 될 것이다. 나의 성기를 긍정하고 이해하는 일은 여전히 멀게만 느껴지지만 오늘의 내가 할 수 있는 작은 실천을 반복해 본다. 무언가를 정확한 이름으로 부르는 행위, 그걸 표현하고 퍼뜨리는 일. 명명의 힘은 내 몸에서도 예외일 수 없다. 분명 이 한 걸음은 세상을 바꾸기 위한 작업이 될 것이다. 우리의 몸과 변화를 더 이해하기 위해서, 우리의 생리와 성기를 보다 긍정하기 위해서. 나는 오늘도 내 딸이 마주할 세상을 수정해 본다. 그 의미 있는 시작이 고작 단어 하나, 겨우 내 입술에 있음에 감사하면서.

06
—

여자의 관계,
나 혼자 외따로 존재해야 할 때

　아이가 다니는 초등학교는 한 학급의 학생 수가 18명, 학급 수는 세 개, 1학년부터 6학년까지 전교생을 합해도 300명 남짓한 규모다. 작다면 작은, 이 학교에 아이를 입학시키며 우리 부부가 했던 가장 큰 걱정은 아이의 교우 관계였다. "교사 한 명당 학생 수가 13.4명, 학급 평균 학생 수가 16.1명밖에 안 돼! 한 반에 40~50명이 우글우글하던 우리 때랑 정반대라 너무 좋긴 한데, 내가 겪어 보니 여자아이들은 꼭 몇몇끼리 뭉쳐 다니고 그 안에서 누가 소외되거나 하는 문제가 생기더라고. 학년이 바뀌면서 친구들을 새로 사귀게 되면 그나마 나은데, 6년 내내 30명도 안 되는 친구들이랑 생활하다 보면 그럴 기회를 갖기 힘들지 않을까? 친하게 지내던 친구들 사이에서 관계가 한 번 틀어지면 다시 회복하기가 어려울 것 같아서 너무 걱정이 돼."

일흔이 넘은 자식에게도 차 조심해라, 밥 챙겨 먹으라는 당부를 하는 게 부모 마음이라지만 아이의 초등학교 입학을 앞두고 유난히 '관계'에 대한 고민을 떨칠 수 없었던 이유는 사실 나에게 있었다. 학교 생활을 하는 내내 친구들과의 관계, 그냥 친구 아닌 '여자' 친구들과의 관계가 늘 풀리지 않는 뫼비우스의 띠처럼 곤란하고 힘겨웠기 때문이다.

'왜 관계의 깊이를 비교해야 해? 왜 뒤에서 속닥거려야 해?'

하고 싶은 말이 있으면 앞에서 직접 해야 직성이 풀리는 성격에 무얼 하든 모두 함께 똘똘 뭉치자는 집단주의 문화가 끔찍한 나는 별종에 가까운 개인주의자였다. 모두 함께 어울려 놀면서도 나 아닌 너와 네가 더 친해질까 봐 전전긍긍, 내가 잠깐 자리를 비운 사이에 나를 제외한 친구들이 더 가까워질까 봐 불안해 하는 관계는 고문에 가까웠다. 무리 안의 관계는 끊임없이 저울 위에 올라가 누가누가 단짝인가를 측정했다. 혹시라도 나의 단짝을 빼앗길까 두려운 아이들은 은밀한 뒷담화와 모함을 일삼았다.

사람과 사람이 나누는 마음을 왜 비교해야 하는지, 빨가면 빨간대로 파라면 파란대로 그냥 함께 어울릴 순 없는 것인지 내가 이해할 수 없는 일들은 너무 많았다. 우리 사이에 감춰진 감정들은 외면할 수 없는 불편함이었다. 서로를 향한 경쟁과 질투, 집요한 의심, 은밀한 시기. 모두가 애써 입에 올리지는 않지만 언제나 수면 아래 깊숙이 존재하는 그 감정들 안에서 나는 자주 괴로웠고 때때로 침몰했다.

"소녀들이 맺는 관계에서 중요하게 살펴볼 것은 서로를 고립시키는 특성이다. 소녀들은 고립을 특히 무서운 것이라고 경험한다. 소녀들의 사회적 자본은 타인과의 관계에 있으므로 고립은 그들의 정체성에 직결된 문제다. 대부분의 소녀들에게 점심시간이나 쉬는 시간에 혼자 있는 것보다 더 괴로운 일은 없다."

― 레이철 시먼스, 《소녀들의 심리학》 중에서

나는 때로는 자의로 때로는 타의로 무리를 벗어나 외따로 존재했다. 아니, 그건 인정하고 싶지 않았을 뿐 선택의 여지가 없는 고립이었을 것이다. 나는 왕따들의 흔한 정신 승리, '내가 너희를 따돌리는 거야. 내가 너희를 버린 거야!' 모드로 꿋꿋하게 생존했다. 지옥이 따로 없는 그 고립의 시간을 붙잡아 준 비밀 친구, 그때의 나를 살리고 위로한 호흡기는 소설 읽기. 어떤 사람들에게는 하등 쓸데없는 시간 낭비로 취급되곤 하는 '문학'에 있었다.

> "우리가 경쟁, 질투, 분노, 원한이라는 자연스러운 감정을 감출 때, 우리는 서로에게 그리고 자기 자신에게 거짓말을 한다."
>
> — 레이철 시먼스, 《소녀들의 심리학》 중에서

누군가 내게 '대체 왜 소설을 읽느냐'고 묻는다면 대답할 것이다. 우리가 서로에게, 그리고 자기 자신에게 하는 거짓말을 들춰주고 우리가 서로에게, 그리고 자기 자신에게 감춰 온 감정과 생각들을 펼쳐 주기 때문이라고. 소설은 내가 도무지 알 수 없는 타인의 내면에 가닿는 확실한 통로이자 내가 나라서 모르는 내 마음을 볼 수 있는 거울로 작동했다.

문학의 힘, 소설의 유용성, 아이가 책을 가까이하기 바라는 이유

인간의 내면을 주로 다루는 소설은 이보다 섬세할 수 없는 촉수로 우리의 마음을 언어화한다. 우리는 소설을 통해 말로 표현되지 못했던 많은 감정을 마주하게 된다. 단순한 설명 아닌 생생한 묘사로 펼쳐지는 소설은 우리를 타인의 가슴 안으로 들어 앉힌다. 우리는 치밀하게 지어진 성 안에서 나도 모르는 사이에 타인의 삶을 살고 경험한다. 이해할 수 없었던 많은 일, 주변을 맴돌다 흩어지던 말들을 뚫고 타자의 마음에 깊숙이 접근하는 것이다. 다른 사람의 입장에서 생각하고 그 사람의 감정을 마치 내 마음인 것처럼 느껴 보는 문학적 체험은 공감의 연습이자 현실의 재창조로 작동한다. 책 읽기의 가장 큰 힘이 바로 여기에 존재하는 게 아닐까? 공감과 재창조를 거치고 난 오늘의 고통은 그나마 견딜 만한 시련으로 희석되기 때문이다.

* 내가 왜 이런 일을 겪어야 하지? → 나만 겪는 일이 아니구나.
* 내가 그렇게 형편없는 인간인가? → 내 주변의 관계 속에서 일어난 일이구나.

모든 일의 원인을 나에게 돌리며 나에게 닥친 시련이 세상의 전부인 것처럼 느껴지는 순간, 소설은 강력한 힘을 보낸다. 나는 소설에 등장하는 수많은 삶을 통해 나에게 닥친 억울한 일이 또래 집단에서 흔하게 발생하는 '보편적 사건'임을 알 수 있다. 그리고 나와 비슷한 처지에 놓인 책 속의 또 다른 '나'와 친구가 된다. 나는 나의 상황을 보다 넓은 시야로 바라볼 수 있게 되고 그럴 때에야 비로소 보이는 관계의 지도를 발견한다. 복잡하게 얽히고설킨 관계 속에서 내가 할 수 있는 일은 그리 많지 않다. 아등바등 발버

둥을 친다 한들 달라질 수 있는 일은 거의 없다. 그 어쩔 수 없음은 나를 향한 비난의 화살을 거두어 준다. 그렇게 사라진 화살은 타인에 대한 이해와 연민을 부른다. '걔도 괴로웠겠구나. 그래서 그랬겠구나. 그래, 그럴 수도 있는 거야.'

아이가 책을 가까이하기 바라는 이유 중 8할은 '세상에 대한 이해와 그로 인한 자유'다. 언제 어느 때에 닥칠지 모를 시련과 고통 속에서도 책을 통해 스스로를 지켜 낼 수 있기를, 그로 인해 단단해질 수 있기를 소망한다. 독해력과 사고력, 성적과 교양, 입시와 출세와는 조금의 접점도 없는 읽기라도 좋다. 아니, 그거라야 더 좋다. 관계 속에서 사랑하고, 그 안에서 상처받고, 거기서 무너지고 때때로 울기도 하겠지만 나를 둘러싼 세상의 감춰진 말들을 찾아가라 말하고 싶다. 알아보라고 권할 것이다.

나아가 그렇게 찾은 언어는 침묵 아닌 말하기로 발화되어야 한다고 강조할 것이다. 우리는 진실을 말하고 감정을 표현하는 것을 "재수 없는 계집애"로 규정하는 이 세상에 맞서야 한다. 우리의 목소리를 가져야 한다. 불편한 감정은 외면하라고, 조용히 침묵하라고, 그게 바로 '착한 소녀'라고 강요하는 문화에서 벗어나 서로의 감정을 인정하고, 보다 건강하게 표현하는 방법을 배우는 것. 그것이 우리에게 필요한 관계의 시작일 것이다.

여자의 성적,
줄 세우기의 승자는 없다

"엄마, 키읔이 뭐야? 기역에 하나 더 그은 거? 디귿에 하나 더
그은 거?" 읽기 독립은커녕 키읔과 티읕도 헷갈리는 8세 아이를
초등학교에 입학시킨 우리는 일명 '간 큰 부부'가 되었다. 우리 부
부는 아이를 낳아 키우는 동안 아이가 조금 늦더라도, 다른 또래들
보다 조금 서툴더라도 조바심 내지 말고 기다려 주자고 다짐했다.
35주 만에 세상에 나온 11월생 아이라는 특수성이 있기도 했지만
다른 아이들의 속도에 맞춰 무엇이든 빨리, 일찍 시작하기보다는
우리 아이만의 속도에 맞춰 천천히, 가장 적당한 시기를 찾아 교육
하자는 신념이 강했던 것이다.

"우리가 안달복달하지 않아도 하윤이가 누굴 닮았는지, 어떤 길이 맞을지는 선명하게 보일걸? 앉아서 공부하는 걸 좋아하면 도와주고, 아니면 다른 길을 찾아 주면 되지. 엄마과인지 아빠과인지 두고 보자고!" 사람은 자신과 반대의 성향을 가진 타인에게 끌린다는 말이 정말 맞는 것인지, 우리 부부의 취향은 그야말로 N극과 S극이다. 그중에서도 '공부'에 대한 선호와 역사는 180도 다른 지도를 그렸다. 공부에는 취미가 '1도 없는' 아빠와 공부가 제일 재미있는 엄마. 틈만 나면 밖으로 뛰어나가 놀기 바쁜 그와 시간만 나면 방에 틀어박혀 책을 읽기 바쁜 나 사이의 거대한 간극은 초중고 12년의 학창 시절을 전혀 다른 세상으로 디자인했다.

입시 경쟁의 최전선, 그 치열한 전쟁터

여덟 살 첫 시험을 '올백'으로 시작한 나는 학창 시절 내내 선생님들의 예쁨과 관심을 받는 모범생으로 고등학교 3년 내내 성적 우수 장학금을 놓친 적이 없다. 중학교 3학년이 되자 특목고 진학을 권유받았지만 집안 사정을 뻔히 아는 첫째의 선택은 일반고였다. 뺑뺑이가 정해 준 학교는 강북의 대치동이라는 교육 특구에 새로 설립된 사립 고등학교. 어쩌다 1회 입학생이 된 나는 대학 입시의 승자를 배출하기 위한 전쟁터 한복판에 서게 되었다.

* 매달 보는 모의고사 성적표는 교실 뒤 게시판에 전체 공개

* 모의고사 성적 1등부터 100등까지 100명의 학생만 '경시반'으로 선발

* 경시반으로 선발된 학생은 경시반만을 위한 수업 수강과 독서실 책상이 제공되는 자습실 이용 가능

* 경시반에 선발되지 못한 일반 학생은 바깥 온도가 33도 이상이 되는 날에만 에어컨을 틀어 주는 일반 교실에서 야간 자율 학습

모든 것이 성적으로 줄 세워진 그곳에서 보낸 3년을 뭐라고 정의할 수 있을까. 나는 단 한 번도 100명 안에 들지 못하는 '패자'가 되지 않았지만 무더운 여름날에도 에어컨이 빵빵하게 나오는 시원한 자습실에 앉아 공부를 하는 경시반 아이들 역시 '승자'는 될 수 없었다. 그저 또 다른 '패자'로 존재했다. 시험 점수가 올라도 전교 석차가 오르지 않으면 의미가 없었다. 전교 1등을 한다 한들 전국 석차가 발목을 잡았다. 입시 경쟁은 단순히 우리 학교 안에서만 벌어지는 전쟁이 아니었다. 우리의 경쟁자는 강남 8학군의 아이들이었다. 우리가 꾸물거리고 있는 순간에도 멈추지 않고 앞서 나가는 무수히 많은 누군가였다. 우리는 우리의 자리를 지키기 위해 안간힘을 쓰고 눈에 보이지 않는 적을 무찌르기 위해 고군분투했다. 우리는 매일 엉덩이를 붙이고 앉아 연필을 움직여 댔지만 그

누구도 승자가 될 순 없었다. 한 줄 서기 경쟁의 승자는 존재하지 않는 신기루. 내가 승자에 속해 있다는 찰나의 착각만이 존재하는 허무의 장이었던 것이다.

'시키는 대로 공부에만 매진한 결과가 이거라고? 고작 이게 모든 걸 포기하고 공부에 갈아 넣은 시간의 보상이라고?' 네 인생의 봄날이자 축제가 될 거라고 입을 모아 찬양하던 '대학'의 실체를 마주한 나는 밀려오는 허탈감에 몸서리를 쳤다. 진리의 추구와 교양은커녕 입학 점수 1, 2점을 가지고 내가 너보다 우월함을 증명하기 바쁜 줄 세우기의 또 다른 버전. 대학은 누군가를 밟고 올라서는 행위를 통해 그래도 내가 밑바닥은 아니라는 위안을 얻기 급급한 제로섬 게임의 연장이었다.

무한경쟁사회의 민낯, 헬조선의 현실

커트라인 점수가 높은 사범대생이 문과대생 위에 서고, 지방에 산다는 이유로 뽑힌 수시입학생은 수능점수로 들어온 정시생 아래로 내려가고, 특목고 출신은 일반고 출신보다 한 단계 높은 곳에 자리하는 게 당연하다는 인식과 태도. 나보다 우월한 이들이 야기하는 박탈감을 나보다 열등한 이들을 통해 보상받고자 하는 이 환장할 놈의 줄서기는 도대체 빠져나오기 힘든 늪처럼 내 다리를 붙잡고 늘어졌다. 이건 말도 안 되는 세상이라고, 사람이 사람을 이렇게 대할 수는 없다고, 줄 세우기의 승자는 존재할 수 없다고 발악하면서도 나는 은근슬쩍 나를 우월하게 만들어 주는 자리에 서서 안도의 한숨을 내쉬었다. 그래도 지금 내가 저기 아닌 여기에 서서 자부심을 느낄 수 있는 게 얼마나 다행이냐, 이 정도 자리에라도 서는 데 성공한 나에게 감사하면서.

"경쟁 사회는 극소수의 존중받을 사람과 대다수의 무시해도 좋을 사람으로 구분한다. 극소수인 존중받는 사람들은 우월감에 젖어 살 수 있지만 자부심이 지나쳐 자신보다 못한 사람을 무시하거나 비하하기 쉽다. 대부분의 존중받지 못하는 사람들은 열등감에 사로잡혀 자존감이 낮아지고 소극적·피동적 성격을 갖게 되며 우울증에 빠질 수도 있다. 결국 무한 경쟁 사회는 사람들을 끝없는 '비인간화'의 수렁으로 몰아넣는다."

– 김윤태, 《불평등이 문제다》 중에서

문제는 적당히 나만 잘하면 되던 시기를 지나 내가 어찌할 수 없는 인생 2막, 즉 내 뜻대로 되는 게 없다는 걸 일깨워 주는 엄마의 삶이 시작되었다는 것이다. 내가 다녔던 초등학교를 내 아이가 다니게 된 세월의 간극만큼 대한민국의 경쟁은 더욱더 치열하고 극심해졌다. 바야흐로 초경쟁 사회이자 비인간화의 표본, '헬조선'이라는 말이 통용되고 수많은 사람이 스스로 목숨을 던지는 이른바 자살 공화국이 된 것이다.

　아이들은 유아기부터 학습의 대상이 되어 뛰어놀 시간도 없이 공부에 매진하지만 사실상 학벌도 대물림되는 사회, 부모의 경제력이 입시 결과를 좌지우지하는 현실에서 아이들의 노력은 허망하게 배신당한다. 설사 명문대에 입학한다 한들 높은 연봉과 안정적인 고용 환경, 다양한 복지가 제공되는 소위 '괜찮은 직장'에 들어갈 확률은 극히 드물다. 대한민국 전체 노동자 중 비정규직 비율은 어느새 50%를 넘어섰다. 대학 졸업과 동시에 쌓여 있는 학자금 대출에, 평생을 갚아도 언제 끝날지 알 수 없는 주택담보 대출의 규모는 결혼과 출산은 물론 연애조차 포기하게 만든다. 운 좋게 직장을 잡는다 한들 평생직장의 개념이 사라진 지 오랜 사회에서 밥벌이의 끈은 언제 끊어질지 모를 지푸라기일 뿐이다. 이른 은퇴와 길어진 평균수명으로 인한 생활고는 폐지 줍는 노인들을 양상하고, 이는 높은 자살률로 이어진다. 2003년부터 2017년까지 무려 15년 동안 OECD 국가 자살률 1위를 기록한 대한민국의 현실은 전 연령 전 세대에 이토록 가혹하게 작동하는 중이다.

수저 계급론이 만연한, 새로운 신분제 사회에서 우리는

'어차피 모아 봤자 푼돈이야, 우리는 흙수저야.' 엄마 배 속에서 물고 나온 수저가 우리의 계급을 결정하고, 우리의 삶은 그 계급 위에서 그려진다는 새로운 신분제 사회에서 우리가 가야 할 길은 무엇일까? 학창 시절 공부를 잘했던 나나 시험 전날에도 운동장만 뛰던 남편이나, 비록 달려온 시간의 궤적은 달랐으나 한자리에 서서 외치는 교육관은 동일하니 우리는 이렇게 말할 수밖에. "공부가 전부가 아니야! 성적이 중요한 게 아니야! 인간을 줄 세우고 차별하는 세상의 부당함을 볼 줄 아는 네가 되길, 돈으로 환산할 수 없는 존재의 가치에 집중하는 네가 되길!"

그래서 우리는 노력한다. 우리를 둘러싼 주변을 확장하는 일, 우리에게 주입된 생각에 반문하는 일, 세상에 단 하나뿐인 우리 아이의 가치를 아이가 들고 온 성적표의 점수로 환산하라 강요하는 세상에 맞서는 연습. 아이가 서 있는 줄의 위치가 아닌 줄 세우기 자체에 문제를 제기할 줄 아는 부모로 살기 위한 준비를 말이다.

"아이를 사랑하세요? 돈을 사랑하세요? 진짜 사랑은 아이가 공부를 못할 때 할 수 있는 거예요. 아이가 공부를 못해도 사랑하는 게 진짜 사랑이에요. 남편을 사랑하세요? 돈을 사랑하세요? 남편이 직장에서

잘리고 돈을 한 푼도 못 벌어 와도 사랑할 수 있으세요? 진짜 사랑은

남편이 실직을 했을 때 할 수 있는 거예요."

- 강신주, '(나는 누구인가) 자본주의에 맞서라 상처받지 않을 권리' 강연 중에서

두 번의 퇴사와 6개월간의 백수 생활로 무소득의 남편을 '진
짜' 사랑할 기회를 가질 수 있었던 나였지만, 과연 내 아이도 '진짜'
사랑할 수 있을까? 공부라고 해 봐야 겨우 한글과 덧셈 정도, 동그
라미보다 빗금 표가 많은 받아쓰기 시험지를 보고 깔깔깔 유쾌하
게 웃는 나의 태도가 내년에도, 3년 뒤에도, 10년 뒤에도 계속될지
지금은 알 수 없다. 하지만 우리는 걸어갈 것이다. 서로가 서로를
진정 사랑하고 존중하는 걸음걸음을.

08
—

여자의 쉼표,
그 누구도 아닌 나를 위해

아이의 초등학교 입학을 1년 앞둔 2018년, 우리는 적금 통장을 들고 고민했다. "성수기를 피해 가는 유럽 여행은 지금이 적기 아닐까? 지금 아니면 언제 또 한 달이나 시간을 뺄 수 있겠어?" 간다면 가게는 어떻게 할 것인지, 주인 없이 꼬박 30일 운영이 과연 가능할 것인지, 목적지는 어디로 할 것인지, 무엇을 위해 떠날 것인지. 우리는 여행의 시작과 끝을 한 번, 또 한 번, 세 번, 네 번 신중하게 돌려 보았고, 이내 입을 모았다. "아직은 때가 아니야. 지금 떠난다면 그저 우리의 유흥을 위한 여행이 될 거야."

아이를 위한 한 달 살기? 나의 첫 한 달 살기

지금은 '○○에서 한 달 살기'가 흔한 로망이자 유행이 되었지만, 그런 말이 생기기도 전인 약 15년 전, 나는 생애 첫 해외여행을 파리로 떠나 그곳에서 한 달 살기를 경험했다. 스물한 살이었던 나는 아무 계획도 없이 한 학기를 덜컥 휴학했다. 그리고 그해 4월, 함께 휴학을 한 친구 한 명과 파리로 홀쩍 떠났다. 프랑스의 한 도시에서 보낸 4주는 여행보다 탈주에 가까웠다.

"처음엔 달아나지요. 직업, 관계, 도시, 나라로부터. 익숙한 것들과 작별하는 거지요. 어떤 존재로 살아갈 것인지 인식하지 못한다 해도 기차를 잡아타거나 비행기에 오를 수는 있어요. 새로 펼쳐 갈 인생, 새로운 자아상에 대한 정확한 그림이 없어도 그건 가능하다는 얘기니까요."

― 파스칼 메르시어, 《리스본행 야간열차》 중에서

대학생이라면 으레 배낭여행 한번쯤은 해 봐야 제맛인 시절의 부추김도 있었을 것이다. 하지만 언제 또 갈 수 있을지 기약이 없는 유럽 여행을 단 한 곳, 하나의 숙소에 고정하고 무려 한 달간의 일정으로 계획한 이유는 분명했다. 도저히 마음을 붙일 수 없는 이 땅에서 벗어나 완전히 새로운 곳에서 '살아' 보고 싶다는 간절함.

나는 이제 막 성인이 된 청년의 패기와는 조금도 상관없이, 드넓은 세계가 아닌 낯선 세상을 향하여, 진출 아닌 멈춤을 위한 출국을 감행한 것이다.

여긴 어디? 나는 누구? 나를 위한 탈출

비행기에 몸을 싣고 달아나기 바빴던 나와 친구는 사춘기보다 지독한 오춘기를 겪고 있었다. 대학 생활을 시작한 나는 날카로운 배신감에 부들부들 치를 떨었다. 고등학교 3년 내내 의심 없이 믿어 왔던 선생님들의 호언장담 – 대학만 가면 된다고, 대학만 가면 끝난 거라고, 대학만 가면 네 인생의 봄날이 화려하게 펼쳐질 거라는 굳은 약속이 당치도 않은 사탕발림이자 이보다 새빨갈 수 없는 거짓말임이 낱낱이 밝혀졌기 때문이다.

오로지 입시만을 바라보며 달려왔건만, 내가 도착한 결승선엔 허무만이 존재했다. 젖과 꿀이 흐르는 땅은커녕 말라비틀어진 복숭아 이파리 하나 없는 곳이라니. 최선을 다해 달려온 나를 맞이한 건 신기루뿐이었다. 눈으로 보면서도 믿을 수 없는 그 기막힌 현실 앞에서 나는 좀처럼 마음을 잡을 수 없었다. 방황하며 맴돌았다. 고민하며 갈등했다. '여기를 계속 다녀야 할까? 이게 다 무슨 의미가 있지? 공부에 대한 의지도 학교에 대한 애정도, 진로에 대한 확

신도 없는 상황에서 내가 계속 여기 있어야 할까? 나는 여기서 뭘 하고 있는 걸까?'

　강의실 안에 앉아 있어도 오늘의 의미를 찾을 수 없었고, 강의실 밖을 돌아다녀도 내일의 모습이 보이지 않았다. 학교를 다닐 마음이 없으면서도 학교를 그만둘 용기는 없는 상태로 꾸역꾸역 비겁한 1년을 채우자마자 휴학계를 제출했다. 당시의 내가 할 수 있는 최선이었다. 아니, 막다른 골목이었다. 한 달간의 파리행은 그런 나의 처지를 감추기 위한 위장이자 그럴듯한 변명이었을지 모른다. 어찌됐건 그 여행의 특별함이 아무 명분도 없는 휴학 기간을 장식해 주었으니까.

게으르고 느린 한 달, 나를 위한 멈춤의 시간

　파리에서 보낸 4주는 느리고 한가했다. 친구와 나는 하루에 단 한 곳의 관광지만 방문하는 일정으로 게으르게 움직였다. 우리의 목적은 파리의 명소를 가능한 많이 '찍고' 다니는 데에 있지 않았다. 우리의 바람은 잠시라도 파리지앵인 '척' 살아 보는 것. 파리라는 도시에서 유유자적, 마음껏 빈둥대는 것이었다. 주말이면 모든 상점이 문을 닫는 도시, 망가진 인터넷을 수리하는 데 한 달을 기다려야 하는 나라. 그곳은 멈춤의 시간을 강제하는 곳이었다. 우리는 그 안에서 때때로 침묵하며 각자의 시간을 걸었다. 아무 대화도 없는 무음의 시간. 말이 아닌 소리로, 언어 아닌 음악으로 흩어지는 불어의 시간. 그때 그 시간들은 파리에서의 한 달을 상징하는 순간이자 지금도 생생하게 펼쳐지는 선물과도 같은 추억이 되었다.

> "인생을 결정하는 경험의 드라마는 사실 믿을 수 없을 만큼 조용할 때가 많다. 이런 경험은 폭음이나 불꽃이나 화산 폭발과는 아주 거리가 멀어서 경험을 하는 당시에는 느끼지 못하는 경우가 더 많다. 엄청난 영향력을 발휘하고, 인생에 완전히 새로운 빛과 멜로디를 부여하는 경험은 소리 없이 이루어진다. 이 아름다운 무음에 특별한 우아함이 있다."
>
> – 파스칼 메르시어, 《리스본행 야간열차》 중에서

내가 다시 한 달 살기를 한다면 그것은 '결별'을 위한 시간이어야 할 것이다. 아내라는 위치와 엄마라는 역할, 누구의 딸이자 누구의 며느리, 누군가의 무엇이라는 꼬리표를 모두 내려놓고 떠나는 시간. 마땅히 그래야 한다는 당위성과 그것이 옳은 일이라는 의무감 따위는 철저히 무시하는 시간. 그저 나를 위한 시간, 내가 선택한 시간. 떠나지 않고는 견딜 수 없는 시간, 지금이어야만 하는 시간.

나의 그런 시간이 언제 다시 찾아올지 알 수 없다. 아이에게 그런 시간이 언제 처음 도래할지 나는 모른다. 그러나 또 안다. 그 시간은 결코 놓치지 말아야 할 기회라는 것. 그 시간이 나를 더 나답게 만들어 줄 거라는 것. 언젠가 그런 때가 찾아온다면 나는 주저 없이 떠날 것이다. 기쁘게 손을 흔들며 배웅할 것이다. 우리는 나를 둘러싼 사람과 관계, 풍경과 세상에서 벗어나 완전히 새로운 나를 대면해 보는 경험이 필요하다. 그 시간을 통과한 나는 결코 이전의 나와 같을 수 없다. 내가 살고 싶은 한 달이자 내가 주고 싶은 한 달은 바로 그런 여행의 순간이다.

09

여자의 선택,
인생은 너의 것 선택은 너의 몫

2019년 4월, 생애 첫 학부모가 되어 참석한 공개 수업에서 화들짝 나를 놀라게 한 건 교실 뒷벽에 붙어 있던 '나의 장래 희망'이었다. "하윤아, 하윤이 꿈이 미술 선생님이었어? 엄마는 하윤이가 미술 선생님을 하고 싶어하는지 전혀 몰랐네?"

그림 그리는 걸 좋아하고 미술 시간을 기다린다는 건 알고 있었지만, 미술 선생님이 되고 싶다는 말 같은 건 한 번도 꺼낸 적이 없었다. 내 아이에 대해 제일 잘 아는 사람은 당연히 나라고 자신하면서도 정작 내 아이에 대해 제대로 아는 게 별로 없다는 깨달음을 마주하게 되는 순간들은 수시로 찾아온다. 그중 하나로 기억될 그날의 장래 희망은 아마도 미술 선생님에 머물러 있지 않을 것이다. 1년, 또 1년이 지날 때마다 달라질 것이다. 우리 아이의 장래 희망은 어떻게 바뀌어 갈까? 우리 아이는 커서 어떤 일을 하게 될까?

나의 어린 시절, 나의 장래 희망들

돌이켜 보면 여덟 살 나의 장래 희망은 '변호사'였다. 변호사가 뭘 하는 사람인지 알 턱이 없는 나는 그저 "아이고 쪼끄만 게 아주 말을 똑 부러지게 잘하네. 넌 커서 변호사 해도 되겠다. 변호사!" 하는 어른들의 말을 받아 적은 수준이었다. 시간이 흘러 여자 직업으로 최고라는 '선생님'을 적어 넣기 시작한 게 중학생 무렵. 고등학생 시절 우연히 읽은 《앵무새 죽이기》에 매료돼 다시 '변호사'를 희망하기도 했지만 마지막까지 장래 희망 속 빈칸을 채운 이름은 '교사'였다. 그렇게 나는 사범대학에 지원했다.

"슬기야, 국어교육과 대신 국문과를 가는 건 어떠니? 그럼 더 좋은 대학에 갈 수 있어. 학과보다는 학교를 선택하는 게 네 미래를 위해 좋지 않을까?" 당시 사범대는 문과대보다 10점가량 커트라인 점수가 높았다. 선생님은 내게 꼭 사범대를 가야 교사를 할 수 있는 건 아니라고, 문과대에서 교직 이수를 하거나 교육 대학원을 나오면 된다고, 그게 현명한 선택이라 했다. 하지만 열아홉의 나는 단호했다. 내가 공부하고 싶은 건 국어 교사가 되기 위한 과정이지 국어를 연구하는 게 아니라고. 내가 하고 싶은 일은 분명한데 왜 다른 길로 우회해야 하냐고. 고집불통의 나는 몇 개 되지도 않는 '국어교육과'만을 골라 원서를 접수했다. 그리고 가장 먼저 합격 통지서를 전해 준 대학에 입학했다.

아이러니한 것은 내가 그렇게 우기고 우겨 들어간 대학의 졸업을 앞둔 어느 날, 임용고시를 보지 않겠다는 폭탄 선언을 했다는 것이다. "아빠, 엄마. 나 올해 졸업해도 임용고시는 안 볼 거예요." 자다가 두드리는 봉창 소리도 이보다 어처구니가 없을 수는 없을 거라는 표정으로 두 눈만 끔뻑끔뻑. 아니 애가 지금 무슨 소리를 하는 건가, 한참을 멍하니 그저 황당해하는 부모님께 덧붙인 설명은 '합격을 위한 달리기'를 다시 반복하고 싶지 않다는 말이었다. "중등 교사라는 결과를 얻기 위해 오로지 시험 준비로 올인하는 삶을 살고 싶지 않아요. 아침부터 저녁까지 그저 책상 앞에 앉아 시험에 나올 지식만을 외워 대기 바쁜 생활. 그건 고등학교 3년으로 충분해요. 이미 원 없이 해 봤다고 생각해요."

한 달간의 교생 실습을 통해 학교라는 현장에 대한 회의가 머리 끝까지 차오른 상태였다. 정년이 보장된 직장을 얻는 것은 내 삶의 1순위가 아니었다. 나는 하고 싶은 일이 많았다. 더 급한 일이 산적해 있었다. 20대의 내가 하고 싶은 일은 오로지 합격을 위해 내 모든 걸 쏟아붓는 것이 아니었다. 나에게는 당장 갚아야 할 학자금 대출 2,400만 원이 쌓여 있었다. 서른이 되기 전에 결혼을 하고 싶다는 소망을 이루려면 최소 2,000만 원의 결혼 자금이 더 필요했다. 30대의 나, 40대의 나, 60대의 내가 하고 싶은 일은 다양했다. 나는 자유롭고 싶었다. 나의 일을 하나로 고정하고 싶지 않았다.

"아니, 그럴 거면 뭐 하러 사범대학을 들어갔니? 학교 선생님이 얼마나 좋은 직업인데 그걸 안 해? 과외 교사나 학원 강사를 누가 인정해 주니? 사회적 지위와 수준이란 게 있는 거야." 반박할 수 있는 말이 없었지만 사람들의 평판 같은 건 아무래도 좋았다. 뭐든지 제멋대로인 고집불통 딸내미, 저밖에 모르는 이기적인 딸내미, 세상 물정 모르는 철없는 딸내미라도 좋았다. 그게 어쩔 수 없는 나니까. 오늘의 내가 살고 싶은 삶의 방식이니까. 나는 모든 비난을 받아들일 준비가 되어 있었다. 부모님은 이내 큰 반대 없이 나의 선택을 존중해 주셨다. 그게 어쩔 수 없는 포기인지 진심 어린 지지인지 알 수 없었지만, 그때의 나에게 중요한 건 오로지 단 하나, 지금 내가 원하는 길로 가고 싶다는 마음뿐이었다.

"유대교 교리를 보면 이런 말이 있네. '내가 나를 위해 내 인생을 살지 않으면, 대체 누가 나를 위해 살아 준단 말인가?' 자네는 자네만의 인생을 살고 있어. 누구를 위해 사느냐고 하면 당연히 자네를 위해 살아야겠지. 만약 자네가 자네를 위해 살지 못한다면 대체 누가 자네의 인생을 살아 준다는 말인가? 우리는 궁극적으로 '나'를 생각하며 사는 거라네."

– 기시미 이치로 · 고가 후미타케, 《미움받을 용기》 중에서

내 선택을 후회한 적은 없었지만 나는 부모님의 기대를 저버린 '나쁜 딸'이었다. 내가 등진 자식 된 도리는 피할 수 없는 아픔이었다. 스물네 살의 내가 한 선택은 긴 시간 민폐가 따로 없는 대형 폭탄, 내가 가장 사랑하는 사람들을 실망시킨 사건이자 사고였다. 그런데 이게 웬일인가. 아이를 떼어 놓고 처음으로 '자유 부인'이 되어 참여한 '꿈틀리 인생학교'에서 나는 내 선택의 의미를 새로 써넣을 수 있었다. 10대 청소년부터 5~60대 장년층까지, 나이와 성별 구분 없이 책을 좋아하는 사람들이 모여 각자의 인생을 나누는 그곳에서 한 선생님께서 말씀하셨다.

"저는 슬기 씨가 무엇을 선택했느냐, 그 선택의 결과가 어떠했느냐는 중요하지 않다고 생각해요. 정말 중요한 건 그때 그 길을 내가 스스로 선택해 보았다는 것이죠. 내가 어떤 삶을 살고 싶은지

내가 계획하고 실천해 보는 경험이요. 그 첫 번째 경험이 그 뒤의 모든 삶을 변화시키니까요. 아마 슬기 씨는 그때의 선택으로 삶의 많은 부분이 달라졌을 거예요. 내 인생을 스스로 선택해 본 사람의 인생은 그렇지 않은 사람의 인생과 전혀 다르죠. 그 둘은 결코 같을 수 없어요."

나를 위해 산다는 것, 내 삶의 주인공이 된다는 것

오랜 시간 대안학교를 운영하며 많은 학생과 학부모를 만나 온 선생님께서 들려 주신 그 이야기는 내가 한 선택이 가지고 있던 가치와 의의를 일깨워 주었다. 내가 나를 위해 산다는 게 어떤 것인지, 내 인생의 주인공이 나인 삶은 어떠한 것인지. 자연스레 나는 앞으로 내가 맞닥뜨리게 될 우리 아이의 선택과 그로 인한 나의 감정을 더듬어 보게 되었다. 내가 무엇을 상상하든 결과는 상상 그 이상! 아이는 매년 생각지도 못했던 장래 희망을 채워 갈 것이다. 아이를 향한 나의 기대는 언제나 산산조각, 거침없이 부서져 버릴 것이다. 그때마다 나는 '아아, 그때 우리 엄마 마음이 이랬겠구나!' 하고 반성을 하겠지만, 그보다 내가 잊지 말고 기억해야 할 사실은 그렇게 부서진 기대와 마음은 오롯이 모두 나의 것, 나의 몫이라는 진리다.

우리는 타인의 기대를 만족시키기 위해 사는 존재가 아니다. 내가 누군가의 기대를 충족시키지 못해 그들이 화를 내더라도 그들의 분노와 실망은 결코 나의 잘못이나 책임이 될 수 없다. 그건 그들이 감당해야 할 몫일 뿐이다. 내 딸에게도 그 누구를 위한 선택도 아닌 스스로를 위한 선택, 타인의 인정과 무관한 나만의 선택, 세상이 매기는 점수와 상관없이, 그냥 무엇이어도 좋은 내 멋대로의 선택을 추구하며 살라고 말해 줄 것이다.

인생은 너의 것, 선택은 너의 몫! 너는 네 삶의 주인공으로, 나는 내 삶의 주인공으로 따로 또 같이 걸어갈 마이 웨이를 그리며, 오늘도 우리는 각자의 삶을 함께 산다.

Part. 2

사랑을 시작한 너에게

10

여자의 인연,
오늘의 내가 모르는 것들

"엄마 봤어? 현준이야! 오예! 방금 현준이 봤다! 엄마도 알지? 유치원 때 내 친구. 아, 오늘은 기분이 정말 좋은 날이야!" 3년을 다닌 유치원을 졸업하고 초등학교에 들어간 아이에게 가장 반가운 일은 유치원을 함께 다닌 친구와 스쳐 지나가는 순간이다. 부끄럼이 많은 아이는 언제나 수줍게 겨드랑이에 딱 붙인 팔을 까딱까딱 손목만 겨우 흔들며 들릴 듯 말 듯한 개미 목소리로 "안녕, 안녕" 하고 인사를 할 뿐이지만, 친구가 시야에서 사라지자마자 목소리를 높이며 한껏 흥분해 소리친다. 오늘은 정말 기쁜 날이라고, 행운이 가득한 날이라고.

같은 학교 출신이라는 끈끈함, 같은 시간을 함께한 유대감. 우리 사회의 3대 폐습 중 하나로 꼽히기도 하는 학연은 따지고 보면 꽤나 자연스러운 감정일 것이다. 이 자연스러운 끌림은 여덟 살 아이들에게도 예외일 수 없다. 엄마와 아빠가 나란히 졸업한 초등학교에 다니는 우리 아이에게는 더욱더 특별하다. 아이는 수시로 "우리 아빠, 엄마도 내 학교를 다녔어요!(아직 '우리 학교'라는 개념이 없는 여덟 살입니다)"라고 자랑하고, 틈만 나면 아빠, 엄마의 반 배정 역사를 묻는다. 나는 매번 "4학년 때는 3반이었을걸? 아니, 1반이었나?" 하며 도무지 기억나지 않는 숫자를 떠올리느라 애를 쓰는데, 서로의 기억력을 크로스 체크해 밝혀낸 사실은 우리가 초등 6년 생활 중 두 번 같은 반을 했다는 것과 신기하리만큼 그 2년의 기억이 조금도 남아 있지 않다는 사실이다.

"칼 세이건은 우주 전체에 존재하는 행성의 수는 상상을 넘어서는 1조 개의 100억 배일 것으로 추산했다. 그러나 그런 행성들이 퍼져 있는 공간의 크기도 역시 상상을 넘어선다. 세이건에 따르면, 만약 우주 공간에 우리를 임의로 뿌린다면, 우리가 행성 부근에 떨어질 가능성은 1조의 1조의 10억 분의 1(10^{-33})보다 더 작을 것이다. 우리가 살고 있는 세상은 그렇게 귀중한 것이다."

– 빌 브라이슨, 《거의 모든 것의 역사》 중에서

내가 행성 부근에 떨어질 가능성이 1조의 1조의 10억 분의 1, 그러니까 1의 마이너스 33승, 0이 무려 33개나 있는 분모 분의 1이라니! 그게 얼마나 작은 확률인지 나는 그저 아득하게만 느껴질 뿐이다. 내가 떨어진 그 행성이 화성도 목성도 아닌 지구일 확률은 대체 몇일 것이며, 지구 안에서도 작디작은 '대한민국', 그중에서도 서울의 한 동네, 그 많은 학교 중 '바로 여기'에서, 그 긴 역사 중 꼭 '그해'에 태어난 두 아이가 만날 확률은 얼마나 될까. 우리의 인연이라는 게 과연 계산 가능한 확률이긴 한 걸까? 더욱 놀라운 것은 이토록 희박한 확률로 만난 우리의 인연이 한 해 한 해 더 작은 확률로 이어졌다는 것이다. 같은 초등학교를 거쳐 같은 중학교, 무려 두 번의 학연을 맺게 된 그와 나는 중학교 3학년 교실에서 다시 만났다.

우리의 만남, 인연의 시작

"야, 여기가 카페냐? 교실에서는 자제 좀 하지?" 열여섯의 나는 매사 날이 서 있었고, 열여섯의 그는 연애를 하기 바빴다. 누가 누구랑 사귀는지, 오늘이 며칠째인지, '무려' 22일이나 만난 걸 기념하며 '투투'를 챙기기 바빴던 우리는 얼마나 깜찍했던지. 그는 쉬는 시간마다 옆 반에서 쪼르르 건너오는 여자친구의 손을 어루만지느라 정신이 없었다. 나는 그런 그에게 날선 비난을 거침없이 던졌다. 매사 말이 없던 그는 가타부타 대꾸도 없이 여자친구의 반으로 옮겨가 데이트를 즐겼다. 우리는 이렇다 할 말 한 마디 나누지 않은 채로 고등학생이 되었다.

여자들은 여고로, 남자들은 남고로, 우리는 성별에 따라 뺑뺑이가 정해 준 학교로 흩어져 입시 준비를 시작했다. 고3 수험생이라는 압박감에 유난히 더 춥게만 느껴지던 열아홉 살의 겨울, 나는 우리 집 앞의 수학 학원에서 그를 다시 만났다. 학원은 아주 작았다. 토요일과 일요일 각각 두 시간씩 수업하는 주말반 수강생은 열 명 남짓. 학생들은 언제나 모세가 갈라놓은 홍해 바다처럼 중앙 통로를 기점으로 남자, 여자 자리를 나눠 앉았다. 인사를 하기도 안 하기도 애매한 사이, 서로를 모르는 것도 아는 것도 아닌 이상한 관계의 그 애를 의식하며 묘한 불편함을 느끼던 어느 날, 나는 친구들과 우르르 교실을 빠져나가는 그에게 물었다. "어디 가?"

그는 고개를 돌려 나를 보고는 놀라는 기색도 없이 대답했다. "아래 슈퍼. 간식 먹게." 뜬금없는 대화의 어색함 때문이었는지, 던져 놓고 솟구치는 뻘쭘함 때문이었는지 나는 밑도 끝도 없이 "내 것도 사 와"라는 한마디를 덧붙였다. 이렇다 저렇다 말도 없이 돌아선 그는 곧 내가 앉아 있는 책상 위에 칸쵸와 딸기우유를 올려

놓았다. '어머, 그냥 한 말인데 정말 사 왔네.' 나는 짐짓 당황하며 자리로 돌아가는 그에게 물었다. "정말 내 것도 사 온 거야? 내가 칸쵸랑 딸기우유 좋아하는 거 어떻게 알았어?" 놀라움을 한껏 담아 호들갑스럽게 뱉은 나의 질문에 그는 세상 건조하고 무뚝뚝한 말투로 말했다. "책상 위에 맨날 있던데."

그날의 나는 알지 못했다. 그렇게 얻어먹기 시작한 칸쵸와 딸기우유가 인생 최대 몸무게를 갱신하는 데 한몫을 하고, 그렇게 얻어먹은 아이들이 민망하고 부끄러워 그에게 밥을 사고, 그렇게 9년이라는 시간이 흘러 나처럼 칸쵸를 사랑하는 아이의 엄마가 되고, 그로부터 5년이 다시 지난 어느 날 그렇게 과묵했던 그가 미주알고주알 여섯 살 꼬맹이 옆에 앉아 "저기가 엄마랑 아빠가 같이 다녔던 중학교야. 아빠랑 엄마랑 3학년 때 같은 반이었거든. 그런데 그때는 하나도 안 친했다? 되게 웃기지?"라고 이야기하는 모습을 보게 될 거라고, 열아홉 그때의 나는 알지 못했다. 열여섯 살의 내가 열아홉 살 우리의 재회를 예상하지 못했던 것처럼.

알 수 없는 내일, 특별한 오늘

오늘의 나는 많은 순간 오늘을 안다고, 오늘 내 곁에 존재하는 인연을 안다고 생각하지만 오늘의 나는 알지 못한다. 20년을 보아도 알 수 없는 모습이 있고 30년을 살아도 알 수 없는 내일이 있다. 오늘의 네가 내일의 어떤 네가 되어 내 곁에 존재할지 알 수 없는 오늘의 연속. 특별할 것도, 대단할 것도 없는 고만고만한 하루 안에 인연이 있다. 오늘의 내가 모르는 것들, 오늘의 내가 알 수 없는 것들. 이제 겨우 내 손바닥을 가득 채우는 아이의 손을 잡고 나는 말하고 싶다. 네 곁에서 반짝이는 그 시작들을 잊지 말라고, 어느 때에 빛날지 모를 조각들을 놓치지 말라고.

"우주는 아주 크고 외로운 곳이야. 하윤아, 우리 은하계에 있는 별의 개수는 1,000억 개에서 4,000억 개 정도일 거라고 추정을 하는데, 별과 별 사이의 평균 거리가 무려 100만 킬로미터의 3,000만 배나 된대. 100만 킬로미터의 3,000만 배라니 이 말도 안 되는 거리가 느껴지니? 우리한텐 너무 거대하게 느껴지는 지구 한 바퀴의 거리가 겨우 4만 킬로미터인데 말이야.

그런데 더 대단한 건 이렇게 엄청난 공간 속에 존재하는 우리 은하가 우주에 존재하는 유일한 은하가 아니라는 거야. 우리 은하는 1,400억 개 정도일 것으로 짐작되는 은하들 중 하나일 뿐이거든. 정말 놀랍지 않니? 그러니 그 속에서 부모와 자식으로 만난 우리의 인연도 인연이지만, 지금 네 곁을 스쳐가는 수많은 사람도 결코 아무것도 아닌 사람이 아닌 거야. 믿을 수 없을 만큼 희박한 확률로 만난 매우 특별한 인연이지. 그러니 눈에 보이는 순간의 인연에 머물지 말고 더 넓은 인연을 바라보렴. 오늘도 네 주변엔 셀 수 없을 만큼 특별한 조각들이 반짝이고 있을 테니까."

나는 오늘도 한껏 흥분하며 친구와의 재회에 감탄하는 아이 옆에서 떠들어 본다. 이보다 진지할 수 없는 얼굴로 토해 낸 나의 열변은 옷깃만 스쳐도 인연이라는 말만큼이나 진부하게 흘러가는 메아리가 될 테지만, 오늘은 알 수 없는 인연이 소복소복, 오늘도 소리 없이 우리 곁에 쌓여 간다.

11

여자를 위한 매너,
진정한 존중의 시작

"아이구, 애기 엄마 배가 많이 나왔네!", "어머, 귀여워라. 손 한 번 잡아 보자!" 아이와 함께 길을 다닐 때면 아이를 향한 거침없는 손길을 자주 만난다. 생각보다 많은 사람이 아이를 품고 있는 내 배 위에 아무렇지도 않게 손을 얹는다. 그리고 그보다 더 많은 사람이 내 품에 안겨 있는 아이의 손과 얼굴을 어루만진다. 아이가 내 손을 잡고 아장아장 걸어 다니기 시작하자 '손 한번 잡아 보자'는 권유의 말이 더해졌는데, 낯가림이 심한 아이가 다가오는 손을 뿌리치기라도 하면 모두 입을 모아 이야기했다. "어우, 여시여시! 쪼그만 게 아주 깍쟁이네! 새침데기야."

'아무리 어린아이라 할지라도 내가 원하지 않은 스킨십을 거부할 권리가 있지 않나? 왜 내가 접촉하고 싶지 않은 사람과의 스킨십을 거절하는 게 변덕스럽고 못된 여자(붙여우), 까다롭고 인색하며 남을 배려하지 않는 사람(깍쟁이), 쌀쌀맞은 성격을 가진 사람(새침데기)이 되는 거지?' 그런 일이 생길 때마다 나는 손을 번쩍 들고 이의를 제기하고 싶지만 그저 입을 닫고 헤헤 웃으며 "아이가 낯을 많이 가려서요" 하고 만다. 별것도 아닌 일로 정색을 하며 따지고 드는 '드세고 피곤한 여자'가 되는 것보다 지금 잠깐 참고 마는 '부드럽고 편안한 여자'가 되는 편이 인생을 사는 데 훨씬 편하고 유용하다는 걸 알기 때문이다.

나를 불편하게 하는 스킨십, 내가 이상한 건가요?

아이를 향한 사람들의 이해할 수 없는 태도, 아니 정확하게는 '여자'아이의 '스킨십'에 대한 문제는 오랜 세월 나를 '예민'한 아이로 만들었다. 나는 왜 내가 좋아하지도 않는 어른들에게 뽀뽀를 해드려야 하는지, 나는 왜 그들의 스킨십을 불편하지 않게 받아 주어야 하는지 이해할 수 없었다. 성인이 되고 나서는 '영화를 함께 본다'는 행위에 대한 해석의 차이가 나를 혼란스럽게 만들었다. 남자 '친구'들과 감상한 영화가 쌓여갈수록 나는 함께 갈 파트너를 잃었다. 내가 제안하거나 받아들인 극장 나들이의 의미는 그들이 생각하는 의미와 전혀 달랐기 때문이다.

'G열 21번과 22번 – 같은 알파벳, 연속된 숫자의 좌석에 앉아 스크린을 나란히 쳐다본다'는 나의 의미에 '허리를 감싼다, 어깨에 손을 올린다, 몸을 밀착한다'는 스킨십은 포함되어 있지 않았다. 나는 그저 영화를 함께 '본다'는 행위에 동의했을 뿐인데, 나를 '보호'하고 '배려'한다는 명목으로 뻗어 대는 그 손길들이 나는 한없이 불쾌하고 거슬렸다. '내가 이상한 건가? 원래 남자랑 여자가 같이 영화를 본다는 건 친밀한 스킨십을 나눠도 좋다는 의미인가?'

한 명, 두 명일 땐 주저없이 그들을 향하던 손가락이 세 명, 네명, 다섯 손가락을 넘어가자 나 자신을 향해 돌아섰다. 아니 나도 멀쩡한 시력의 두 눈이 있는데, 자유롭게 움직일 수 있는 두 손이 있는데! 나를 구태여 붙잡지 않아도, 잡아끌지 않아도, 내가 알아서 문을 열고, 걷고, 앉을 수 있건만 왜 그들의 매너는 한결같이 접촉에 집중되어 있는지. 나를 위한 매너라지만 정작 나에 대한 존중은 없는 그 행동 방식에 나는 절레절레 고개를 저었다. '영화를 보러 가자'는 의미에 다른 뜻을 더하지 않는 남자는 단 한 명뿐이었다.

유일한 무비 파트너, 그의 남다른 행동양식

"수능도 끝났는데, 영화나 볼래? 내가 쏠게." 그동안 얻어먹은 칸쵸와 딸기우유가 대체 몇 개인지, 그 수를 헤아려 보기도 민망해 제안한 극장 나들이가 둘만의 첫 만남이 되었다. 아침 8시부터 서둘러 만나 7호선을 타고, 2호선을 타고 꼬박 한 시간이 걸려 도착한 강변역 테크노마트에서 우리가 본 영화는 〈ing〉. 임수정은 예뻤고, 김래원은 능글맞았으며 그는 말이 없었다. 우리는 조용히 이동해 가만히 영화를 보고 고요하게 밥을 먹었다. 소름 끼치는 어색함까지야 아니었지만 그렇다고 자연스러운 편안함도 없었던 일곱 시간. 좋지도 나쁘지도, 편하지도 불편하지도 않은 뭉텅이의 시간을 보낸 뒤 우리는 각각 수능 성적표가 정해 준 대학의 신입생이 되었다.

나는 한 달에 한두 번 조치원에서 올라오는 그를 만나 함께 영화를 보았다. 그는 열 편, 스무 편 넘는 영화를 보아도 언제나 영화'만' 보는 정직한 동행인이었고 그렇게 그는 나의 유일한 무비 파트너가 되었다. 그에겐 젠틀남의 매너라 일컬어지는 행동 양식 따위가 쌀 한 톨만큼도 존재하지 않았기 때문이다. 그는 결벽증이 있나 싶을 만큼 손끝 하나도 내 몸을 스치는 일이 없었다. 그가 처음이자 유일하게 내 몸에 손을 뻗은 날을 나는 지금도 생생하게 기억한다. 요즘도 이따금씩 입에 올리는 그날은 우리가 수도 없이 다녔던 우리 동네의 어느 삼거리, 유난히 잦은 사고를 방지하고자 여러 개의 볼록 거울이 지키고 있는 그곳을 지나던 중 발생했다.

인도 없는 도로 한편을 걸어가고 있는 남자와 여자,

그 앞에 갑자기 튀어나온 승용차 한 대.

우리 머릿속에 너무도 자연스럽게 그려지는 다음 장면은 무엇인가. 위험에 빠진 여자를 남자가 잡아끌고, 그 남자의 품으로 여자가 안겨 들고, 그렇게 포개어진 둘이 서로를 마주보고, 두근두근 심장이 뛰고, 운이 좋으면 입까지 맞춰 보는? 애를 쓰지 않아도 당연하게 재생되는 로맨스의 흔한 장면이 떠오르지 않는가? 언제나 거칠고 박력 있게 그려지는 매력남을 향한 로망은 내 안에도 존재했다. 하지만 그는 내가 입고 있는 티셔츠 어깨 위의 재봉선을 정확하게 엄지 손가락과 검지 손가락 두 개를 사용해 잡아 올린 뒤 도로 안쪽으로 끌어당겼다. 우리가 음식물 쓰레기 봉투를 들 때의 모습 그대로. 아니 그보다 더 조심스러울 수 없는 경계의 손길로.

"야! 너 어떻게 그럴 수가 있냐! 내가 쓰레기 봉투니? 그 손가락 두 개는 뭐야?" 발끈한 표정으로 따져 묻는 나를 향해 그는 이렇다 저렇다 할 말도 없이 그게 왜 문제인지 모르겠다는 호소의 눈빛을 보내왔다. 나는 그런 그에게 내심 서운했다. 경계를 마구 넘어서는 터치를 비난해 왔던 내가, 아이러니하게도 경계를 칼같이 지키는 그에겐 괘씸한 마음을 가졌던 것이다. '1년 넘게 스무 편이 넘는 영화를 보러 다니면서도 우연을 가장한 스킨십 한 번 하지 않다니! 얘는 내가 여자로 보이지 않는 걸까? 내가 매력이 없는 여자인가? 내가 그렇게 별로인가?' 따위의 생각을 하면서 말이다.

* **나에게 스킨십을 하지 않음** = 나에게 관심이 없음 = 나에게 성적 매력이 없음
* **나에게 스킨십을 함** = 나에게 관심이 있음 = 나에게 성적 매력을 느낌 = 내가 매력적인 여자임을 증명함

오랜 시간이 지나고 난 뒤에야 내 안에 존재하는 스킨십의 도식을 깨달았다. 나는 그들의 동의 없는 스킨십에 화를 내면서도 얽매여 있었던 것이다. 내가 너를 만진 건 네가 너무 예쁘기 때문이라고, 너의 그 예쁨은 중요한 능력이라고, 네가 불쾌하다고 느낀 그 행위는 너의 매력이 야기한 결과라고, 내가 어찌할 수 없었던 일이라고. 합의 없이 이루어진 스킨십이 나의 매력을 증명하는 일이자 나의 가치를 올려 주는 일이라 강조하던 그들의 궤변에서 나는 자유롭지 못했던 것이다. 내가 자유롭지 못하다는 사실조차 인지하지 못한 상태로.

"내 몸 중에서 친하지 않은 사람이나 모르는 사람이 만지는 것을 허락할 수 없는 부분을 생각해 보세요. 그리고 그 부분들에 스티커를 붙여 보세요." 어떤 학생은 스티커가 남은 반면 어떤 학생은 스티커가 모자랄 정도로 몸 곳곳에 스티커를 붙였다. 이후 학습지를 칠판에 전시하고 다른 사람의 학습지도 살펴보도록 했다. 학습지에 붙은 스티커의 모습은 제각각이었다. 개인마다 신체 접촉과 불쾌감에 대한 기준이 다르다는 것이 시각적으로 드러났다. (중략) 아이들이 접촉을 허락하지 않는 신체 부위는 다양했다.

— 초등젠더교육연구회 아웃박스, 《예민함을 가르칩니다》 중에서

나는 그와 연인이 되고도 한참의 시간이 흐른 뒤에야 왜 나에게 조금의 스킨십도 하지 않았느냐는 질문을 던질 수 있었다. 그의 대답은 명료했다. "사귀는 사이도 아닌데 왜 다른 사람의 몸을 함부로 만져? 그건 너무 당연한 건데?"

상대를 향한 존중의 시작, 진정한 매너란

나에게 아무렇지도 않은 접촉이 타인에게는 불쾌감을 유발하는 접촉이 될 수도 있다는 인식. 내가 대수롭지 않게 한 행동이 타인에게는 폭력이 될 수도 있다는 인지. 우리가 어렸을 땐 이런 가르침을 전해 주는 젠더 수업이 전혀 없었음에도 그는 알고 있었다.

적절한 거리를 지키는 것이 상대를 향한 진정한 존중이고 매너라는 것을. 그리고 그게 조금도 당연하지 않은 세상 속에서 그는 분명하게 인지하며 실천하고 있었던 것이다.

타인에 대한 배려 없는 손길은 여전히 만연하고, 나는 그 안에서 애를 쓴다. 내가 길들여지고 주입당한 세상의 문화를 비틀어 보기 위해서, 바로 세우기 위해서. 그리고 아이에게 속삭인다. 친하지 않은 사람과 손을 잡고 싶지 않은 네 마음은 존중받아야 할 결정이라고. 그 누구도 그걸 비난할 수 없는 거라고. 너는 언제나 당당하게 거절할 수 있다고, 아니 거절할 수 있어야 한다고. 그리고 조금 더 용기를 내 말해야 할 것이다. 나에게 불쾌한 스킨십을 친절하게 참아 주는 '센스'가 필요한 세상이 아닌, 너에게 불쾌할 스킨십을 하지 않는 '매너'가 당연한 세상을 위해서.

12

여자의 용기,
소중한 사람이 된다는 것

"엄마, 처음 보는 애들과도 친구가 될 수 있을까? 새로운 친구들과도 금방 친해질 수 있을까?" 초등학교 입학을 앞둔 지난 겨울, 우리는 불안했다. 아이는 아이대로 걱정, 나는 나대로 걱정. 아이와 나는 매일 밤 3월의 새 교실에 선 친구로 변신해 인사하는 연습을 했다. "안녕? 나는 후문 근처에 사는 슬기라고 해. 넌 이름이 뭐니?", "안녕? 나는 유아스포츠단을 나온 하윤이라고 해. 만나서 반가워. 나랑 친구 할래?", "그래 좋아! 우리 친하게 지내자!"

처음 만난 친구에게 말을 건네는 연습, 친구들 앞에서 나를 소개하는 연습, 친구의 말에 친절하게 호응해 주는 연습. 특별할 것도, 별 내용도 없는 대화였지만 새로운 시작을 목전에 둔 2월의 밤은 결코 가볍지 않았다. 우리는 진지했다. 오늘 밤 주고받은 인사가 한낱 연극에 그칠지라도, 내일의 현실에서 불가능할지라도 우리에겐 지금 이 순간의 마음을 위로해 주는 의식이 필요했다. 쑥스러움쟁이들의 밤은 그렇게 쌓여 갔다.

그리고 찾아온 3월의 새 학교, 새 교실, 정신이 하나도 없었던 입학식과 적응 기간. 약 한 달의 시간을 보내며 나는 다시금 육아의 진리를 깨달았다. "애 걱정은 할 거 없다. 너만 잘하면 된다! 애는 알아서 잘한다, 너나 잘하면 된다!" 낯선 사람만 보면 빽빽 울어 대기 바쁘던 모습은 대체 어디로 갔는지, 언제 이렇게 훌쩍 컸는지 아이는 그간의 걱정이 무색하리만큼 엄청난 용기를 보여 줬다. 매일 새 친구에게 먼저 인사를 건네고, "너 나랑 친구 할래?"라며 심지어 제안도 했다는 것이다. 매일 밤 연습한 그대로 말이다!

"역시 내가 아이를 따라갈 수 없는 것 같아. 오늘 글쎄, 학교에서 친구한테 먼저 얘기를 했대. 나랑 친구하자고, 우리 친하게 지내자고! 대단하지 않아? 어떻게 그런 말을 먼저 하지? 우리 딸 진짜 용감하지?"

"확실히 하윤이는 엄마를 닮은 거 같네. 당신이 용감하잖아."

"나? 내가 뭐가 용감해? 나는 한 번도 친구한테 그런 말 해 본 적 없는데?"

"없긴 뭐가 없어. 나한테 먼저 연애하자고 한 것도 당신이고, 결혼하자고 한 것도 당신이고, 나는 맨날 쫄래쫄래 당신이 하자는 대로 따라왔는데? 당신이 용감하지, 내가 소심하고."

나의 용기, 나의 말하기

까마득한 시절의 이야기라 잊고 있던 기억이 살아났다. '아, 그래 맞아. 내가 그랬었지, 내가 먼저 말했었지!' 떠올려 보면 연애와 결혼뿐만이 아니다. 아는 사이보다도 어색한 사이로 데면데면할 때 먼저 말을 건넨 사람도 나, 영화를 보러 가자고 말을 꺼낸 사람도 나, 지극히 건조했던 우리 사이에 간질간질한 분위기를 더한 것도 나, 이것도 나, 저것도 나! 우리 관계는 언제나 나의 말하기에서 시작되었던 것이다.

모아 놓고 보니 전부 내가 먼저라 멋쩍은 마음이 드는 것도 사실이지만 시간을 돌려 다시 그때로 돌아간다 해도 나는 먼저 말하기를 주저하지 않을 것이다. 내가 꺼낸 많은 말은 그 순간의 강렬한 바람이자 아무런 계산 없는 순수한 내 진심이었기 때문이다.

"현대의 도덕은 남자들에게 육체적인 용기를 제외한 다른 용기를 요구하지 않으며, 여자들에게는 어떠한 용기도 요구하지 않는다. 남자들에게 사랑받기를 원한다면 용감한 여자는 자신이 용감하다는 사실을 숨겨야 한다. 하지만 이런 태도는 결코 바람직하지 않다. 남자에게 있어서나 여자에게 있어서나, 모든 형태의 용기는 존중받아 마땅하다. 용기가 많으면 걱정은 줄어들 것이고, 따라서 피로도 줄어들 것이다. 현대의 남성과 여성들이 겪고 있는 정신적 피로의 대부분은 의식적인 두려움 혹은 무의식적인 두려움에서 비롯하는 것이기 때문이다."

— 버트런드 러셀, 《행복의 정복》 중에서

'내가 먼저 영화를 보러 가자고 하면 자기한테 관심이 있다고 생각하지 않을까? 내가 먼저 관심이 있다고 고백을 하면 나를 얕잡아 보지 않을까?' 우리의 머릿속을 휘젓는 이런 가정법들, '내가 이렇게 하면 이렇게 되지 않을까'는 대부분의 경우 현실과 어긋난다. 내가 무엇을 하더라도 상대방이 내가 예측한 상황에 맞추어 대응할 가능성은 희박하며 설사 그 행동을 한다고 한들 어떠한가? 지레 겁을 먹고 아무것도 하지 않은 것보다는 훨씬 건설적인 일 아닐까?

맨입으로 얻어만 먹은 게 미안해 영화를 보러 가자 제안한 나의 말은 진심이었다. 그는 영화를 보러 가자는 말의 의미를 다르게 해석하지 않는 파트너였다. 나는 내 말을 있는 그대로 들어주는 그가 좋았다. 그래서 더 말했다. 너랑 영화를 보는 게 좋다고, 나의 베스트 무비 파트너는 너라고, 앞으로 영화는 너랑만 보고 싶다고.

최신 개봉작을 함께 보는 사이로 꼬박 1년의 시간을 보낸 우리의 관계를 변화시킨 건 그의 군 입대였다. 나는 그의 빈자리를 마주하며 그의 존재감을 실감하지 않을 수 없었다. 그래서 또 말했다. 나에게 넌 특별한 사람이라고, 연애를 한다면 너랑 하고 싶다고, 네 마음도 나와 같다면 지금 말해 달라고, 나는 지금 사랑을 하고 싶다고.

많은 친구가 왜 고르고 골라 군인이냐, 여자가 먼저 고백하는 법은 없다, 여자로서의 지조와 자존심을 지켜라 말했지만 나의 지조와 자존심은 말하지 않는 것에 있지 않았다. 수동적인 기다림이 아니었다. 나에게 중요한 것은 그저 지금 이 순간의 내 마음. 내가 지키고 싶은 의지와 기개는 오늘의 내 마음이 시키는 대로 행동하는 용기와 실천이었다.

우리에게 필요한 용기, 내 마음을 전하는 말하기

계산하고 자로 재고, 상상하고 예측하고. 내가 뱉은 말이 어떤 결과를 야기할까 신중하고 또 신중해야 하는 순간 사이사이 정직하게 용감하게, 지금 내 머릿속의 목소리를 내뱉는 순간도 필요하다. 소중한 사람에게 마음을 전하는 일, 특별한 사람에게 인연을 더하는 일. 오늘의 나를 행복하게 만드는 사람을 놓치지 않고 붙잡는 일은 결코 어느 한쪽이 담당할 일이 아니다.

내 아이가 "우리 친구 할래?"만큼이나 자연스레 "우리 연애할래?" 하고 말할 수 있길 바라며 나는 또 말해 본다.

"엄마는 아빠한테 먼저 그렇게 말했어! 우리 친구 할래? 우리 영화 볼래? 우리 연애할래? 우리 결혼할래?"

"그러니까 아빠가 그러자고 했어? 그래서 결혼했어?"

"그럼! 엄마 잘했지? 아빠 좋지? 아빠 잘 골랐지?"

"응! 엄마 잘했어! 엄마가 말 안 했으면 어쩔 뻔했어? 진짜 잘 말했어!"

결혼은 한 번밖에 할 수 없는 거냐고, 아빠는 나랑 또 결혼할 수 없는 거냐고 묻는 아이를 품에 안고 속삭여 준다. 결혼은 꼭 한 번만 할 수 있는 건 아니라고, 나중에 하윤이도 아빠한테 물어보라고. "응! 알았어!" 흡족한 미소로 잠이 드는 아이를 보며 피식 웃음이 샌다. 이 행복을 나에게 준 나의 용기를 칭찬하면서.

13

여자의 마음,
말하지 않으면 알 수 없는 것

"그래? 수민이가 왜 그랬을까? 하윤이한테 뭐 화난 게 있냐고 물어봤어?"

"아니, 못 물어봤어. 막 짜증을 내니까."

"그럼 하윤이 마음은 이야기해 봤어? 수민이가 그렇게 말하니까 내가 서운하고 속상하다고. 왜 그러는 건지 몰라서 답답하고 걱정이 된다고. 나한테 화난 게 있으면 말해 줬으면 좋겠다고 하윤이가 먼저 이야기해 봐. 마음은 말하지 않으면 알 수 없는 거거든. 엄마가 늘 얘기하잖아? 마음은 자꾸 들여다보고 말로 표현해야 알수 있는 거라고. 수민이가 왜 그러는지 수민이가 말해 주기 전까지 우리는 알 수 없는 거니까, 미리 걱정하고 오해하는 대신 하윤이 마음을 먼저 얘기해 보자. 그럼 수민이도 속마음을 이야기하지 않을까?"

내 눈에는 아직도 아기 같은 아이들이 단짝 논란을 벌이며 감정 싸움을 한다. 어느 날은 너랑만 친하게 지내고 싶다가도 어느 날은 너 때문에 짜증이 나는 예민하고도 어려운 관계. 나는 친구의 감정을 어림짐작하며 둘 사이에 벌어진 일을 평가하고 판단하기보다는 친구로 인해 느낀 자신의 감정을 언어로 표현하고 그 마음을 친구에게 전할 수 있도록 도와준다. 관계의 시작이자 핵심은 바로 '말하기'에 있다고 생각하기 때문이다.

"말하지 않으면 알 수 없어. 말하기 전까진 알 수 없어."

아이를 키우는 내내 숱하게 강조했던 것도 말하기였다. 할 수 있는 말이라곤 고작 열 단어가 전부인 시절부터 반복하고 또 반복했던 나의 말이 "하윤이가 말해 주지 않으면 알 수 없어. 어디가 불편하고 무엇이 짜증나는지 엄마한테 말을 해 줘야 엄마가 알 수 있어"였으니 돌이켜 보면 긴 시간 나의 말은 불가능한 요구이자 되지도 않을 억지였다. 그게 말이 되지 않는 말이란 걸 알면서도 멈출 수 없었던 이유의 8할은 아마도 오랜 시간 반복해 온 습관에 있지 않을까 싶다. 아이를 낳고 기르기 전, 그러니까 이보다 풋풋할 수 없는 20대 시절부터 나는 말하기의 중요성을 강조하며 반복하기 바쁜 '말하기파'의 신봉자였던 것이다.

스물한 살의 내가 말하기교에 입문하게 된 계기는 명료하다. 벚꽃이 비처럼 쏟아지던 그해 봄, 나는 연애를 시작했다. 사랑이라고 부르기도 민망한 풋사랑의 시절들을 뒤로한 채 너도 나도 성인이 되어 처음 시작한 연애는 어설펐다. 그는 편안한 각도로 손을 잡고 길을 걷는 법을 몰랐다. 나는 쥐가 나는 팔을 자연스럽게 빼는 법을 몰랐다. 나는 "네가 손을 너무 높이 잡고 있어서 자꾸 팔에 쥐가 나"라는 말을 할 수 없었다. 혹시라도 그런 말이 상대를 민망하게 만들까 두려웠다. 손가락 끝에서 시작된 경련이 어깨까지 이어지는 불편함을 애써 감추며 나는 웃었다. 아무렇지 않은 척 세상 어색한 미소를 지으면서……

불가피한 시작, 말하기의 시작

이보다 불편할 수 없는 손잡기의 모른 척은 오래가지 않았다. 손을 잡고 다닌 지 3일 만에 찾아온 근육통에 두 손을 들고 말았다. 알고 보니 그도 나처럼 애써 불편을 참고 있었다고 했다. 우리는 뭉친 어깨를 두드리며 민망한 웃음을 주고받았다. 그리고 약속했다. 앞으론 바보같이 참지 말고 솔직하게 말을 하자고. 억지로 견디지 말고 터놓고 이야기하자고. 그리고 나는 실천했다. 그가 알아주었으면 하는 나의 바람은 물론 나조차도 알 수 없는 나의 마음에 대해서까지. 우리는 '알아서' 상대를 배려하고 존중해 줄 능력이 부재한 인간들이었다. 우리 둘의 연애 경력은 제로에 가까웠다. 무에서 시작하는 연애를 선택한 건 나 자신이었다. 나는 내 선택에 책임을 져야 하는 사람이었고, 그래서 내 안의 기대를 깡그리 버렸다. 말하지 않아도 알아주는 남자, 알아서 척척 맞춰 주는 남자는 없다. 나에게 필요한 건 오로지 단 하나, 그가 분명히 알 수 있도록, 그에게 솔직하고 정확하게 마음을 전하는 말하기였다.

NVC 모델의 네 단계

* 우리 삶에 영향을 미치는 구체적 행동을 관찰한다.

* 위의 관찰에 대한 느낌을 표현한다.

* 그러한 느낌을 일으키는 욕구, 가치관, 원하는 것을 찾아낸다.

* 우리 삶을 풍요롭게 하기 위해 구체적인 행동을 부탁한다.

– 마셜 B. 로젠버그, 《비폭력 대화》 중에서

마셜 B. 로젠버그의 비폭력 대화를 알기 전이었지만 당시 내가 실천한 말하기는 그가 이야기하는 NVC의 모델과 꼭 닮아 있었다. 나는 연애 초기 뭔가 매우 '쪼잔'하고 비굴한 느낌이 들지라도, '이렇게' 사소한 것까지 이야기를 해야 하나, 이런 말을 하는 나 자신이 부끄럽고 창피할지라도, 굴하지 않고 꿋꿋하게 말하기를 실천했다. 대부분의 경우 이런 말하기는 크게 3단계로 완성됐다. **1단계** 먼저 나를 서운하게 한 상대의 행동을 명확하게 설명하고, **2단계** 그가 그런 행동을 했을 때 내가 어떤 느낌이었는지 나의 감정에 대해 솔직하게 이야기했다. 그리고 **3단계** 앞으로 같은 상황이 발생했을 때 그가 어떤 행동을 취하기를 바라는지, 나의 기대를 구체적으로 전달했다.

"이건 내가 생각해도 구차하긴 한데 말이야……. 나는 통화할 때마다 자기가 먼저 통화 종료 버튼을 누르는 게 서운해. 사랑한다는 말이 끝나기 무섭게 '뚜뚜뚜뚜' 소리가 들려 오면 되게 황량하고 허무한 느낌이 들거든. 우리 둘이 타고 있던 배에 나만 혼자 덩그러니 남겨진 기분이랄까? '얘는 진작부터 나랑 전화를 끊고 싶었나? 얼른 끊기만 기다렸나?' 하는 말도 안 되는 생각이 막 들기도 하고 말이야. 많이 어렵지 않다면 앞으로는 내가 전화를 끊을 때까지 자기가 기다려 줄 수 있을까? 아니, 우리만의 신호를 정해서 동시에 끊는 건 어때?"

관계 속에서 느끼는 서운함은 대다수의 경우 더없이 사소한 상황에서 발생한다. 누구나 자신의 좀스러운 마음은 꼭꼭 숨겨 감추고 싶고, 그래서 많은 경우 말하기보다 '알아서' 잘해 주기를 기대하지만 꽁꽁 감춰 둔 마음을 대체 어떻게 알 수 있단 말인가! 내가 말하지 않는 감정은 그가 모르는 것이 더 자연스럽지 않은가? 그게 당연하지 않은가? "말하지 않으면 알 수 없다. 말하기 전까진 알 수 없다"는 나의 주문은 상대의 행동을 내 멋대로 판단하고 평가하는 실수에 빠지지 않기 위한 경계이자 '내 멋대로 기대하고 나 혼자서 서운해하기'를 방지하려는 채찍이었다.

나는 데이트를 마치고 헤어지는 순간의 인사에서부터 각종 기념일을 챙기는 방식까지, 이보다 더 사소할 수 없는 시시콜콜한 상황들을 입에 올려 대화의 소재로 삼았다. 그렇게 나눈 이야기가 더해질수록 테이블 위에 올려 놓을 서운한 이야기가 사라졌다. "사실 난······." 이 한마디만 꺼내도 하고 싶었던 이야기를 그의 입을 통해 들을 수 있었다. "자기야" 하고 부르며 그의 손만 잡아도 그는 나의 감정을 정확하게 읽어 냈다. 내가 입을 열어 뱉어 낸 말이 쌓여 갈수록 굳이 뱉지 않아도 통하는 우리만의 연결고리가 생겨난 것이다.

말하기를 위해 필요한 것

내 감정을 솔직하게 말하기 위해서는 나 자신의 마음을 이해하는 시간을 가져야 한다. 나를 불편하고 아프게 하는 지점을 찾아 그곳을 정확하게 들여다보면 깨닫게 된다. 문제는 상대의 행동이 아니라 나 자신의 기대에 있다는 것을. 상대의 행동은 잘못도 원인도 될 수 없다는 것을. 본디 문제는 상대의 행동이 나의 기대에 부합하지 않았다는 데에 있다. 사랑한다는 이유로, 가까운 관계라는 이유로 우리는 너무도 많은 기대를 만들어 놓고 상대를 쉽게 비난한다. 내 기대를 충족시키지 못했다는 이유로, 내 기대를 저버렸다는 이유로. 하지만 그 기대는 상대 아닌 나의 머릿속에만 존재하고 내가 표현하지 않는 한 저절로 옮겨갈 리가 만무하다. 그러니 우리는 말해야 한다. 나를 아프게 하는 상대의 행동과 나의 감정, 그 안에 있는 나의 기대까지. 그리고 우리는 버려야 한다. 내 멋대로 세워 놓은 부당하고 지나친 나의 기대, 내 감정 뒤에 숨어 있던 나만의 기대를 말이다.

"내가 평생 누구랑 마음을 맞춰 본 적이 없어서. 이제라도 좀 해 보려고. 마음을 좀 맞춰 보려고……."

– 드라마 <디어 마이 프렌즈> 중에서

마음과 마음을 맞춰 보는 경험, 마음을 마음으로 전하는 실천. 우리에게 필요한 건 남자의 많은 경험이 아니라 자기표현의 많은 경험이다. 나는 오늘도 아이 곁에서 말하기를 강조하며 말하기교를 전파한다. 아이가 제 곁의 많은 마음과 더 가까이, 더 살갑게, 더 따스하게 맞춰 가길 기대하면서.

14
—

여자의 반쪽,
'다른 너'와 다른 '너'

"엄마! 아빠 생일은 이제 며칠 남았어? 세 밤만 더 자면 돼? 이
틀? 내일?"

아이는 아빠 생일을 손꼽아 기다린다. 1년 중 제일 먼저 찾아
오는 가족의 생일인 데다 풍선에 바람을 불고, 플랜카드를 만들고,
가랜드를 붙이며 준비하는 파티를 마냥 좋아하기 때문이다. 아이
와 나는 매년 우리만의 소소한 파티를 열며 남편의 생일을 축하한
다. 글을 쓸 줄 알게 된 아이는 무려 두 장의 편지지를 꽉 채워 비
장의 카드를 완성했다. 그리고 그 편지를 선물할 가장 '적절한 순
간'만을 기다렸다. 식구들이 모두 모인 저녁 7시, 케이크에 불을

붙이고 축하 노래를 마친 직후, 아이는 편지를 내밀었다. 가장 뜨겁고 결정적인 순간에.

남편의 생일이 가고 가을이 찾아오면 내 생일이 온다. 아이는 그날을 기다리지 않는다. 풍선도 파티도 없는 생일, 엄마만 마음대로 하는 생일. 남편은 내게 파티나 이벤트 아닌 '육아 면제'를 선물한다. 나는 아이를 씻기고 챙기고 먹이는 일상의 일과에서 완전히 벗어나 종일 유유자적 빈둥댄다. "엄마가 해 주는 게 좋아! 엄마가 씻겨 줬으면 좋겠어!" 아무리 졸라도 '오늘은 엄마 생일이라 엄마는 쉬고 노는 것만 해야 한다'는 아빠의 대꾸를 들어야 하는 아이는 입을 삐쭉거리며 투덜댄다. "그럼 나도 내 생일에는 내 마음대로 나 하고 싶은 것만 할 거야!"

나는 나대로 너는 너대로

나는 나의 방식으로, 너는 너의 방식으로 각자가 할 수 있는 걸할 수 있는 만큼 하자는 우리의 원칙은 연애 초기부터 시작됐다. 손으로 만들고 꾸미기를 좋아하는 나는 이벤트에 최적화된 인간이다. 연애를 시작한 첫날 문구점에 달려간 나는 그가 제대를 하는 날까지 매일 직접 만든 편지봉투에 편지를 담아 부쳤다. 개나리보다 더 샛노란 색지로 만든 봉투는 매일 저녁 분대장의 손을 거쳐 그의 손에 전달됐다. 그는 멀리서 다가오는 편지 뭉치만 보아도 자신의 편지를 알아볼 수 있었다. 눈부시게 빛나는 노랑의 존재감은 감춰지지 않았으므로, 누가 봐도 구분할 수 있는 특별함이었으므로. 그 편지는 '받는 사람'의 이름을 굳이 확인할 필요 없는 그만의 편지가 되었고 힘겨운 군 생활을 위로하는 찰나의 쉼표가 되었다. 그의 쉼표는 숫자를 달고 차곡차곡 쌓여 갔다. 혹시라도 배달이 지연되며 순서가 바뀔 새라, 나는 모든 봉투 겉면에 숫자를 적어 넣었다.

노란 편지 봉투 위에 적힌 숫자가 130을 넘어가는 동안 내 앞으로 돌아온 편지는 다섯 손가락을 채우지 못했다. 그는 글쓰기를 즐기는 사람이 아니었다. 그에게 글쓰기는 부담이고 숙제였다. 아니 두려움이자 공포에 더 가깝다 했다. 나는 답장 받기를 포기했다. 그는 편지 대신 전화로 마음을 표현했다. 틈틈이 서운할 때도 있었지만 그럴 때마다 내 마음을 토닥였다. 그는 그일 뿐 내가 아니다. 그의 방식은 나와 같을 수 없다. 글이 편한 내가 더 이상하지 않은가? 이런 나를 있는 그대로 좋아해 주는 그가 고마울 뿐이다. 오늘의 그를 사랑할 뿐이다. 전화기 너머 그의 목소리가 그리울 뿐이다. 하루 빨리, 아니 지금 당장 그저 그가 보고 싶을 뿐이다…….

사랑을 하는 과정은 상대를 알아 가는 과정인 동시에 상대와 나의 다름을 확인해 가는 과정이다. 우리는 많은 것이 달랐다. 아니 거의 모든 것이 달랐다. 그는 나와 전혀 다른 사람인 동시에 보통 '남자들'과도 달랐다. '남자라면, 남자니까, 남자가'로 시작하는 많은 말들이 그에게 맞지 않았다. 영화를 볼 때도 그는 나보다 먼저 눈물을 쏟는 관객이었다. 나는 조용히 휴지를 건네며 덤덤한 내 가슴을 남몰래 꾸짖곤 했다. 나는 조금 더 세심하게 그의 마음을 살펴야 했다. 그는 나보다 쉽게 상처를 받는 여린 가슴의 소유자였다.

"오늘은 어디를 갈까? 내가 몇 군데를 찾아봤거든? 어디가 제일 나을지 좀 볼래?" 데이트 코스를 물색하고 기획하는 건 내 몫이었다. 그는 무언가를 준비하고 검색하는 데에는 젬병이었다. 특별한 날 특별한 장소를 찾아 특별한 시간을 구상하는 것도 내가 맡았다. 나는 드넓은 정보의 바다를 헤엄쳐 쓸 만한 소재를 건져 내는 능력이 좋았다. 그렇게 추린 정보를 분석해 정리하는 능력도 탁월했다. 그는 나에게 부재한 마지막 능력을 담당했다. 깔끔하게 정리해 놓은 보고서를 들여다본 후, 무엇이 가장 나은 선택일지를 판단하는 결정 능력! 그는 쉽사리 결정을 내리지 못하는 나를 대신해 명료하고도 즉각적인 판단을 거침없이 내렸다. 점심 메뉴 하나를 고르는 데에도 20분은 족히 걸리는 내게 그는 구세주이자 슈퍼맨이었다.

"사랑이 구제되고 사랑을 통해 모욕이 아닌 존재감을 고양시킬 수 있는 길은 딱 하나밖에 없다. 서로 사랑하는 존재를 남자로도 여자로도 보지 않고 오직 '그'로 보고 '그'로 대하는 것 말이다. 그가 남자든 여자든 그 남자와 여자라는 것으로부터 차이가 있는 만큼 그가 자율적이고 자유로운 사람이라는 것을 인정하는 것이 사랑이 살 수 있는 유일한 길이다. 한마디로 말하자면, 사랑하는 이를 '성별화'하는 것이 아니라 자유롭고 평등한 개체적 인격으로 대하는 것이다."

– 엄기호, 《고통은 나눌 수 있는가》 중에서

나와 다른 너, '다른 너'와 다른 '너'

길치인 그를 대신해 지도를 보는 건 나의 몫이고, 소심한 나를 대신해 길을 묻는 건 그의 몫이다. 나는 때마다 획기적이고도 감동적인 이벤트를 준비한다. 그는 매 순간 그렁그렁한 눈으로 날 마주한다. 아이랑 놀아 주는 게 세상에서 제일 힘든 나와 달리 그는 세상에서 가장 천진한 표정으로 아이와 함께 까르르 웃으며 뒹군다. 한 번 토라진 마음을 쉽게 돌리지 못하는 그와 달리 나는 돌아서면 언제 그랬냐는 듯 잊고 금세 웃는다. 살다 보면 많은 시간, 또 숱한 순간 '아니 무슨 남자가!', '세상에 어떤 여자가!'와 같은 말들로 포장된 세상이 정한 표준값을 강요당하지만 우리는 모두 지극히 개별적인 인간이다. 세상에 하나뿐인 별종일 뿐이다.

"아빠는 응가 대장이고, 엄마는 방구 대장이야."

"아빠는 운전을 잘하고, 엄마는 길을 잘 찾아."

"아빠는 잘 놀아 주고, 엄마는 잘 씻겨 줘."

생일날의 풍경만큼이나 다른 일상의 많은 차이 안에서 아이는 무슨 생각을 하고 있을까? 사람과 사람이 다른 것은 너무도 당연하고, 그 다름 속에서 중요한 건 단점의 개선 아닌 주특기 강화라는 사실을 배우고 있을까?

'왜 당신은 나와 같지 않나요? 왜 당신은 다른 여자들 같지 않나요?' 자신을 기준으로 들이대는 잣대만큼 당황스러운 것도 없고, 성별을 표준으로 기대하는 요구만큼 황당한 것도 없다. 나만큼 하지 못하는 상대를 비난하고 나만큼 하지 못하는 부분에 매달리는 관계는 불행하다. 우리에게 필요한 건 나와 같은 반쪽이 아니라 나와 맞는 반쪽이다. 다른 사람의 반쪽 아닌 나만의 반쪽.

15

여자의 지갑,
돈보다 더 중요한 것

"엄마, 이거 싸구려야?"

새로 사 준 펭귄 우산을 쓰고 등교했던 아이가 돌아와 물었다. 아이 입에서 처음 나온 '싸구려'라는 말에 흠칫 놀라면서도 일단 '아니'라는 답이 먼저 나왔다. 그런 걸 왜 물어보냐, 어디서 그런 말을 들었냐 캐묻자 친구들이 물었단다. 초등학교 1학년 아이들의 교실에서 각자가 가진 물건의 값이 싸냐, 비싸냐를 따지는 이른바 '싸구려 논란'이 일었던 것이다.

"하윤아, 값이 싸다고 해서 좋지 않은 물건인 건 아니야. 값이 비싼 것보다 싼 게 더 좋을 수도 있고, 가격의 높낮이만으로는 그

가치를 판단하기 어려운 것도 많거든." 나는 몸에 좋고 신선한 오이의 제철 가격(세 개에 1,000원)과 가공식품인 소시지의 가격(한 개에 1,500원)을 비교하며 열을 올렸지만 아이는 듣는 둥 마는 둥 제 할 일에 집중했다. 애가 탄 어미는 아이 곁을 졸졸 따라다니며 설명을 덧붙여 보았지만 돌아오는 말은 허망했다. "그러니까 내 펭귄 우산은 싸구려가 아니라는 거지?"

상품 앞에 붙은 가격표가 그 상품의 가치를 증명하는 자본주의 사회에서 우리는 자주 돈의 노예가 된다. 내가 가진 돈의 많고 적음에 따라 내가 경험할 수 있는 일들의 범위가 달라지고, 내가 가진 돈의 크기와 타인이 가진 자본의 규모가 너무도 극명할 때 우리는 상대적 박탈감을 경험한다. 고만고만한 친구들 사이에서 비슷비슷한 학창 시절을 보낸 뒤 들어간 대학에서 나는 생애 첫 빈부격차, 그러니까 우리 집이 '매우' 가난하게 느껴질 수도 있다는 걸 체험했는데, 적당한 수준이 사람에 따라 얼마나 달라질 수 있는지 그 놀라운 간극을 확인하며 종종 무릎이 꺾였다.

커플 통장을 만든 이유, 그렇게 시작한 우리만의 역사

"나는 화이트 데이 선물로 핸드백 받았는데 너는 뭐 받았어? 어디 좋은 데 갔다 왔어?" 다른 사람과의 '비교'로 발생하는 이 몹 쓸 감정은 연애와 사랑에서도 예외 없이 작동한다. 나 역시 그 늪에서 자유로울 수 없었다. 동갑내기 대학생을 만나는 나는 줄곧 직장인과 연애하는 친구들의 '능력'을 빛내 주는 들러리로 이용됐다. 그 뻔한 의도를 알면서도 쉴 새 없이 나부대는 내 마음이 지긋지긋해질 무렵, 나는 데이트 비용을 위한 커플 통장을 만들자고 제안했다. 네가 밥을 사면 내가 커피를 사고, 네가 영화를 예매하면 내가 밥값을 내는 식으로, 너 한 번 나 한 번을 반복하며 네가 쓴 돈이 내가 쓴 돈보다 많은가 적은가를 저울질하는 일상이 피로했기 때문이다. 특히나 누군가의 들러리로 대차게 행진을 하고 난 뒤에는 더욱더!

우리는 매월 1일이 되면 10만 원씩 통장에 입금한 뒤 그 통장과 연결된 체크카드만 사용하는 한 달 살기를 시작했다. 방학이 되면 만나는 횟수가 잦아지니 곱절의 금액을 모았다. 길거리에서 사먹는 간식이나 소소한 금액들은 그때그때 서로의 지갑을 열어 현금으로 결제하기도 했지만 대부분의 지출은 모두 통장 안의 예산에 맞춰 운용했다. 우리가 즐겨 가는 식당은 '근사한'보다 '소박한'에 어울리는 곳이었다. 우리는 많은 날을 소비 없는 걷기로 보냈다. 어딘가에 갇히지 않고 무언가를 사지도 않고, 막힌 곳도 한계도 없이 우리가 원할 때면 언제든지 둘만의 세상이 되어 주는 길

위의 산책은 특별했다. 그 시간은 언제나 충만했다. 서로의 손을 잡고 하염없이 걷고 또 걷는 일은 통장 잔고가 바닥난 마지막 주에 허락된 유일한 데이트이자 우리가 가장 사랑하는 코스가 되었다.

* '있어 보이는' 선물보다 '꼭 필요한' 선물 고르기 (나는 그를 위해 코 털 깎기를, 그는 나를 위해 돌찜질기를)
* '지출'이 필요한 기념일 대신 '정성'이 들어간 기념일 보내기 (나는 대형전지에 가득 채운 편지를, 그는 직접 접은 400마리의 학을)
* 마음을 전하는 편지는 최고의 '선물'로 대우하기

우리는 돈을 쓰지 않고도 즐거울 수 있는 많은 방법들을 터득해 나갔다. 결혼 준비의 가장 큰 걸림돌이라는 돈 문제로 얼굴 한 번 붉히지 않은 이유도, 높은 연봉의 직장을 기꺼이 때려 친 용기도, 우리에게 가장 중요한 건 우리 앞에 놓인 돈의 크기가 아님을 경험 해 온 우리의 역사에 있지 않을까? 돈으로 살 수 없는 것들을 누려 온 역사, 돈이 없어서 누릴 수 있는 것들을 만끽한 역사 말이다.

"휘게를 극대화하는 데는 돈이 거의 들지 않는다. 양초보다 더 비싼 뭔가를 구입할 생각이 없다면 말이다. 휘게는 돈을 더 많이 소비함으 로써 극대화할 수 있는 것이 아니라, 오히려 그와 정반대된다고 할 수 있다. 휘게는 시장 자본주의에 부정적인 영향을 끼치고 있는지도 모르지만, 개인의 행복에는 매우 좋은 영향을 끼친다. 휘게는 삶의 가장 단순한 것에서 느끼는 기쁨이며 거의 아무런 비용 없이 누릴 수 있는 것이기 때문이다."

— 마이크 비킹, 《휘게 라이프, 편안하게 함께 따뜻하게》 중에서

돈의 가치와 필요를 부정할 마음은 조금도 없다. 나에게도 돈이 주는 편리와 안락을 갈망하는 순간도 있다. 그런 상황은 종종 피할 수 없는 유혹으로 찾아온다. 하지만 동시에 돈이 없어도 행복한 순간, 돈과 상관없이 충만한 시간, 돈의 크기와 쓸모를 떠나 중요한 것들이 분명 존재한다는 사실을 나는 알고 있다. 그리고 나는 그것들을 놓치지 않고 싶다. 붙잡고 싶다.

휘게의 순간들, 오늘이 좋은 이유

어쩌다 한 번 일어나는 커다란 행운 아닌 일상의 소소한 순간들. 화려한 것 아닌 단순한 것. 자극적으로 빛나는 것 아닌 소박하고 은은한 것. 가격을 매길 수 없는 소중한 가치들. 덴마크인들이 사랑한다는 '휘게'의 순간은 도처에 존재한다. 그래서 오늘이 좋다. 내 곁을 스쳐가는 수많은 순간을 놓치지 않는 사람, 붙잡아 주는 사람, 값으로 따질 수 없는 가치를 끊임없이 일깨워 주는 그가

있기 때문이다. 오늘도 함께이기 때문이다.

"그 사람 직업은 뭐래? 연봉은? 집은? 어느 동네? 차는 있대?" 경제력의 크기가 그 사람의 능력을 증명하는 수치가 되고, 내가 가진 물건의 값이 나라는 사람의 격을 결정하는 세상이지만, 나는 한 번 더 아이 곁에서 최선을 다해 덧붙여 본다. 그러니까 펭귄 우산이 싸구려냐 아니냐가 중요한 게 아니라고. 정말 중요한 건 가격이 아닌 네 마음에 있다고.

16

여자의 섹스,
오로지 '나'를 위해

혼수로 장만한 신상 TV가 3년을 버티지 못하고 집에서 퇴출됐다. 이럴 줄 알았으면 아예 사지 말 것을……. 그래도 갖출 건 갖춰야 한다는 마음에 구입한 42인치 LED TV는 아이가 두 돌을 채울 무렵 처분 대상이 되었다. 나도 모르게 뽀로로를 외치며 더 자주, 더 많이 영상에 의존하는 육아를 하게 되었기 때문인 동시에 TV에서 흘러나오는 광고의 상당수가 아이를 키우는 나를 불편하게 만들었기 때문이다. '내가 너무 예민한가? 나만 찝찝한가?' 이건 아이에게 보여 주고 싶지 않다고, 이런 메시지를 주입하고 싶진 않다고, 영상 속의 많은 부분을 비판하면서도 내 몸이 힘들 때면 어김없이 TV를 트는 나의 행동을 끊어 버리기 위해서 번쩍번쩍 빛이 나던 신혼 살림은 그렇게 우리 집에서 쫓겨났다.

우리 아들 누구 거? 아영이 것?

두고두고 불편함을 남긴 광고 중 하나를 지금도 기억한다. 회사에서 정신없이 일하고 돌아온 엄마를 반기는 어린 아들과 그 아들 입에 들어가는 밥만 봐도 피로가 싹 풀리는 젊은 엄마. 엄마는 세상 흐뭇한 미소로 아이를 바라보며 우리 아들은 누구 거냐고 묻는다. 하지만 엄마의 바람과 달리 아이는 이렇게 답한다. "나는 아영이 거."

아이는 무심하게 코를 긁으며 먹던 밥에 계속 집중할 뿐이지만, 엄마는 기가 막히고 코가 막힌 표정으로 들고 있던 젓가락을 '턱' 하고 내려놓는다. 그리고 '진짜' 피로회복제를 찾아 마시며 비로소 '방긋' 웃는데, 나는 그 영상을 볼 때마다 묻고 싶었다. "사람이 다른 사람의 '것'이 될 수 있나요? 누군가를 나의 '소유물'로 만드는 게 기쁨일 수 있나요? 우리는 누군가의 소유로 존재할 수 있나요?"

비슷한 불편함은 곳곳에서 이어진다. 아이의 손을 잡고 들어간 서점에서 우연히 펼쳐 본 시집은 자기를 함부로 주지 말라고, 아무엇에나 주지 말라고, 부디 무가치하고 무익한 것들에게 자기를 맡기지 말라고 말한다. 나는 그 시를 보고 반문하지 않을 수 없다. "그럼 아무것 아닌 것에게는 줘도 되는 건가요? 가치 있고 유익한 것들에게는 맡길 수 있는 게 나 자신인가요? 우리는 우리를 누군가에게 맡길 수 있나요? 줄 수 있나요?"

한껏 흥분한 나는 내 옆에 선 아이의 손을 힘껏 잡는다. "엄마 왜? 이제 나가? 내 책은 안 사?" 제 얼굴을 빤히 보는 엄마의 눈을 들여다보는 아이에게 하고 싶은 말이 많다. 삼켜지지 않는 말이 터져 나온다. "하윤아, 하윤이는 절대 누구한테 줄 수 있는 존재가 아니야. 엄마 것도 아니고 아빠 것도 아니고, 할머니 것도, 할아버지 것도 아니야. 나중에 좋아하는 사람이 생겨도 절대 그 사람 것이 될 수 없어. 하윤이는 그냥 하윤이지. 우리 몸은 누군가에게 줄 수 있는 물건이 아니야. 절대 그렇게 생각하면 안 돼. 알았지?"

엄마가 도통 무슨 소리를 하는 건지 영문을 모르겠다는 표정의 아이는 이렇다 저렇다 할 대꾸도 없이 스티커북 코너로 향한다. 덩그러니 혼자 남겨진 나는 멀어지는 아이의 뒷모습을 바라보며 한 해, 두 해, 손가락을 접으며 수를 헤아려 본다. 초등학교 고학년만 되어도 2차 성징이 나타난다는 요즘 아이들의 연애는 언제쯤 시작될까? 나는 언제쯤 말할 수 있을까? 요즘 아이들은 뭐든 빠르다고 하니 내가 기다려야 할 시간은 그리 길지 않을 것이다. 눈 깜짝할 사이에 찾아올 것이다.

내 몸을 준다고요?

연애의 시작과 함께 펼쳐지는 고민의 8할은 스킨십에 있다 해도 과언이 아닐 것이다. 언제 처음 손을 잡을지, 입을 맞출지. 사랑하는 사람과 나눌 수 있는 수많은 접촉의 중심이자 최고봉에는 단연코 섹스, 첫 경험의 시기가 놓일 것이다. 시간이 조금 더 흘러 아이가 또 다른 변화의 시작점에 섰을 때 나는 제일 먼저 말할 것이다. '내 몸을 준다'는 말을 지워 버리라고, '관계를 허락한다'는 말은 있을 수 없다고. 섹스는 누구도 허락할 수 없는 것이다.

'허락하다'라는 동사의 의미는 '청하는 일을 하도록 들어주다', 다시 말해 '상대의 요구를 들어준다'는 뜻이다. 인터넷 검색창에 '첫 경험'을 입력하면 남자 친구가 잠자리를 요구하는 데 어떻게 해야 할지 모르겠다는 고민부터 첫 경험을 하기 적절한 시기에 대한 조언까지 그야말로 다양한 이야기가 쏟아진다. 하지만 첫 경험에 있어 '상대가 얼마나 간절히 원하느냐'와 두 사람의 '연애 기간' 따위는 조금도 중요하지 않다. 중요한 것은 그게 아니다. 한 달을 만났으면 어떻고, 1년을 만났으면 어떠랴. 중요한 건 오직 단 하나, 나의 욕망과 마음이다.

첫 경험을 하기 좋은 때, 섹스를 해도 좋은 날은 간단하다. '내가 하고 싶은 날'이다. 내가 너무도 간절히 원하는 날, '저 사람과 자고 싶다'는 마음이 솟구쳐 그 외에 다른 어떤 것도 생각할 수 없는 날. 바로 그때 관계를 가지라 말하고 싶다. 물론 원치 않는 임신을 하지 않도록 철저하게 계획을 한 상태로!

선전포고를 했던 이유, 마음을 바꿨던 이유

스물한 살, 이제 막 연애를 시작한 나는 만난 지 몇 주가 되지 않았을 때 선전포고를 하듯 내 의사를 분명히 밝혔다. "좀 생뚱맞다고 생각할지도 모르겠지만, 이 부분에 대해서는 명확하게 내 의사를 밝히고 싶어. 난 혼전 순결주의자는 아니지만 연애를 하면서는 관계를 갖고 싶지 않아. 아무리 콘돔을 쓰고 피임을 해도 100% 성공률이라는 건 있을 수가 없잖아? 난 낙태는 못 할 것 같아. 그렇다고 애를 낳으면? 우리가 아이를 낳아 키울 수 있는 처지도 아니고, 책임질 자격도 없으면서 덜컥 임신을 하는 건 도무지 용납할 수 없는 일이야. 성관계는 모두에게 축복받으며 행복하게 임신할 수 있을 때, 내가 아이를 제대로 책임질 수 있을 때 하고 싶어. 지금 우리는 전혀 그럴 수 있는 상황이 아니니까, 단지 하고 싶다는 이유만으로 관계를 요구하거나 조르지 않았으면 좋겠어. 네가 그런 말을 꺼내면 난 정말 너한테 실망할 것 같거든. 그러니까 우리 이 부분에 대해서는 지금 확실히 해 두자. 너는 어떻게 생각해?"

그는 내 생각에 동의했고, 절대 관계를 요구하지 않겠다 약속했다. 아무도 없는 집에서 데이트를 할 때에도, 세 번의 여행을 다녀오는 동안에도, 그는 결코 약속한 선을 넘지 않았다. 그 어떤 말도 꺼내지 않았다. 우리는 관계의 시기를 두고 부딪칠 필요도, 고민할 필요도 없었다. 하지만 동시에 열정의 덩어리들이었다. 그 덩어리는 무엇으로도 꺼 버릴 수 없었다. 우리는 서로를 바라보기만해도 불타오르는 청춘이었다. 우리는 저절로 알게 되었다. 사랑을하면 안고 싶고, 만지고 싶고, 가까워지고 싶고, 은밀해지고 싶다는 것을. 손을 잡으면 뽀뽀를 하게 되고, 뽀뽀를 하면 키스로, 키스는 진한 애무로, 농도 짙은 애무는 섹스를 향한 갈망으로 연결된다는 것을. 사랑과 욕망은 구분해서 떼어 놓기 힘들다는 것을. 사랑하는 사람과의 쾌락은 너무도 강렬해서 이성의 억압만으로는 제어하기 힘들다는 것을.

우리는 수없이 많은 순간, 아니 거의 모든 순간 그 뜨거움 속에서 일렁였다. 그리고 나는 점점 생각했다. '멈추고 싶지 않다, 끝까지 가 보고 싶다, 이 사람과 함께 자고 싶다. 섹스를 해 보고 싶다.' 그리고 인터넷을 켜고 검색했다. '실패 없는 피임법, 완벽한 피임법, 피임 확률이 제일 높은 방법.' 더 이상 찾아볼 페이지가 없을 만큼 방대한 양의 정보를 축적하고 정리했을 때, 나는 이야기했다. "다음에 휴가를 나오면 우리 괜찮은 호텔에서 하루 자자. 다음 달첫째 주면 좋을 것 같아. 생리 끝난 직후니까 그때가 제일 안전해. 콘돔은 자기가 준비해. 그날이 우리 첫날밤이야. 그날은 멈추지 말고 끝까지 가자."

당시 그가 군인이었던 관계로 나의 뜻을 글로 담아 보냈는데, 편지를 받아 본 그는 내게 전화를 걸어 이보다 심각할 수 없는 목소리로 물었다. 도대체 무슨 일이냐고. 전혀 예상하지 못한 반응이었다.

"응? 무슨 일이냐니? 편지 봤어?"

"봤지. 그러니까 묻잖아. 집에 무슨 일이 생긴 거야?"

"일은 무슨 일. 우리 집에 왜 갑자기 무슨 일이 생겨."

"그럼 뭐야. 솔직하게 얘기해 봐. 무슨 큰일이 생긴 거지? 괜찮아. 얘기해 봐."

무슨 일이 생긴 게 틀림없다고 철석같이 믿고 있는 그를 진정시키느라 애를 먹었다. 정말 아무 일도 없다고, 말을 안 해서 그렇지 오래 생각했던 문제라고. 내 마음에 확신이 들었고 결심이 섰기 때문에 꺼낸 말이라고 수없이 그를 설득한 뒤에야 우리는 제대로 된 대화를 시작할 수 있었다. 하지만 그는 다시 한 번 예상치 못한 말을 내뱉었다. 오늘부터 일주일간 더 생각해 보라고.

"그게 정말 네 생각인지, 전적으로 네 마음이 시켜서 한 선택인지, 누구한테 무슨 말을 듣고 와서 그러는 건 아닌지, 다른 어떤 일 때문에 휩쓸린 건 아닌지 차분차분, 차근차근 다시 네 마음을 들여다봐. 오늘 이야기는 못 들은 걸로 할 테니까 부담 갖지 말고 편안하게. 무슨 말인지 알겠지? 일주일 뒤에 마음이 바뀌어도 괜찮아. 시간이 더 필요하면 더 오래 생각해도 좋고. 일단 최소 일주일은 더 생각해 보고 그때 다시 이야기하자. 오늘은 그만, 알겠지?" 상상조차 할 수 없었던 그의 반응에 매우 당황했으나 오늘은 그만이라고 딱 잘라 말하는 그의 단호함에 더 이상 반박할 수 없었다. 그리고 하루, 이틀, 사흘, 나을, 그렇게 일주일이 지났다. 나는 변함없는 마음을 그에게 전했고, 우리는 '그날'을 계획했다.

아직도 생생한 그날의 모든 순간은 까마득한 우주 안의 별빛처럼 은은하고 또렷했다. 잊을 수 없는 밤, 더없이 특별한 밤. 세상에 오직 너와 나, 우리 둘만 존재하던 밤, 우리만의 밤. 그날의 밤은 그렇게 단 하나의 밤으로 박제되었고, 오랜 시간이 흐른 뒤에야 그 선택에 관한 이야기를 들을 수 있었다.

"그때 그 편지를 받고 왜 그렇게 물어봤어? 난 정말 상상도 못했던 반응이었어! 내가 얼마나 바들바들 떨면서 전화를 받았는데, 어떻게 첫마디가 그럴 수 있냐고!"

"갑자기 그런 얘기를 하니까 뭔가 큰일이 생긴 게 틀림없다 싶었지. 에라 모르겠다 그냥 막 가 보자. 될 대로 돼라. 인생 막 살아보자. 이런 건가 싶었거든. 또 어디서 무슨 소리를 듣고 와서 그러는 건지도 모르니까. 자기 귀 얇잖아. 주위에서 남녀 관계가 어쩌고저쩌고하면서 뭐라고 한 소리에 휩쓸려서 순간적으로 한 선택일 수도 있으니까."

"그러다가 내가 진짜 마음이라도 바꾸면 어쩌려고 그랬어? 하자고 해서 좋지 않았어?"

"당연히 좋았지. 너무 떨려서 일주일 동안 잠도 제대로 못 잤다니까. 그렇지만 일단 벌어진 일은 되돌릴 수 없으니까. '아, 그러지말걸. 내가 왜 그랬을까' 후회하는 일로 만들고 싶진 않았어. 신난다고 그냥 덜컥 잤다가 완전 충격받고 내가 싫어지면 어떡해! 그

거 잠깐 참는 게 뭐 어려운 일이라고. 너에게 상처를 주거나 널 영원히 잃는 게 정말 끔찍한 일이지. 절대 참을 수 없는 건 그런 거야. 순간의 성욕이 아니라."

"모든 부문에서 여성보다 이성적·과학적이라고 주장하는 남성들이 성폭력 문제에 있어서만큼은 '우리는 성욕을 억제할 수 없다'며 스스로를 '동물'의 수준에 놓는 것처럼, 남성 스스로가 자신을 여성과 동등한 대화 상대자가 아니라 마치 '성장이 멈춘 아이'라고 주장하는 것이다."

– 정희진, 《페미니즘의 도전》 중에서

지금도 "널 너무 사랑해서 참을 수 없어", "네가 너무 예뻐서 멈출 수 없어"라고 말하며 마음을 흔드는 상대가 있다면 가볍게 무시해 버리자. 코웃음을 치며 돌아서 버리자. 우리가 선택해야 할 섹스는 관계를 지속하기 위해 하는 첫 경험이 아니므로, 상대의 요구를 들어주기 위해 하는 허락이 아니므로.

나는 아이에게 말하고 또 말하고 싶다. 상대가 아닌 나의 욕구에 집중하라고, 제대로 사랑받고 제대로 사랑하라고. 그 말을 건넬 수 있을 때를 기다리며 오늘도 사랑을 한다. 나를 존중하고 사랑해 주는 사람과 함께.

17

여자의 착각,
까도 까도 양파 같은 너와 나

"하윤이 엄마는 걱정이 없으시겠어요. 낯을 가린다고는 해도 제 할 말은 확실히 하더라고요. 야무지고 똑똑하게요!" 집 밖에만 나가면 입술을 꾹 다물고 다른 사람과 눈도 맞추지 않던 아이였다. 낯가림이 심해 사람이 많은 곳에 가는 게 고역이던 유아기를 지나 집 앞의 작은 가정형 어린이집을 다니는 동안도, 유치원 생활을 하는 3년간도, 아이는 언제나 '말수가 없고 조용한 아이', '혼자 노는 시간이 많고 소극적인 아이'라는 평가를 받아 왔다. 일곱 살 때 아이의 담임을 맡았던 유치원 선생님께서는 아이의 내향적인 성격이 우려된다며 거리낌없이 말하기도 했다. 나중에 학교에 가면 왕

따가 될 가능성이 클 것 같다고, 말 한마디 제대로 건네지 못할 것 같다고. 악담인지 우려인지 모를 그 걱정이 무색하게 아이는 초등학교 1학년에 원만하게 적응했다. 태어나 처음으로 엄마 없이 놀러 간 친구 집에서 주눅들거나 눈치 보지 않고 제 할 말을 야무지게 하면서!

"슬라임을 만졌으니 손을 좀 씻고 올게요.", "이건 이만큼만 먹고 남길게요. 단 건 많이 먹지 않기로 엄마랑 약속을 해서요." 아무리 친구네 엄마라지만 그래도 처음 보는 낯선 어른에게 자기 의사를 그렇게 전달했다니! 엄마랑 떨어져 친구 집에 혼자 들어가 시간을 보냈다는 사실 하나만으로도 얼떨떨, 눈앞에서 벌어진 상황을 믿기 힘들었던 나에게 그건 또 하나의 사건이자 놀라움이었다. 나와 매일 함께 먹고, 같이 자고, 심지어 한때는 한 몸으로 존재했던 사람이었건만, 내가 미처 예측하지 못한 의외의 모습을 발견하는 순간은 이렇게 또 예고 없이 찾아온다.

사람이 사람을 안다는 생각, 그 엄청난 착각

사람이 사람을 안다고 생각하는 것이 얼마나 큰 착각일 수 있는지를 절절하게 깨닫던 순간을 기억한다. 가깝게 지낸 사이는 아니었지만 그래도 오랜 시간 지켜본 사이라고, 그래서 난 그에 대해

꽤나 잘 알고 있다고 생각했던 나의 판단이 와장창 깨졌던 순간. 그와 연애를 시작한 지 채 이틀도 지나지 않았을 때였다. 나는 나도 모르게 중얼거렸다. '지금까지 내가 알던 그는 지금 내 앞의 그가 아니야. 내가 사귀게 된 그는 내가 사귀기로 한 그가 아니야!'

12년간 지켜봤던 과묵한 그는 세상에 둘도 없는 수다쟁이로 돌변해 내게 말했다. 사랑한다고, 또 사랑한다고. 무뚝뚝한 얼굴로 적당히 묻는 말에 대꾸만 하던 과거의 그는 사라졌다. 그는 하루 한 번은 꼭 사랑을 속삭이며 시시콜콜 일상의 소소한 이야기를 나눌 줄 아는 사람이었다. 오랜 시간 내가 보아 왔던 진중함은 이보다 짓궂을 수 없는 장난기가 되었다. 너무나 자연스러웠던 침묵의 실체는 재치 넘치는 유머감각이었다. 사람이 달라도 이렇게까지 다를 수 있냐고, 하루아침에 어떻게 이럴 수가 있냐고 커다란 눈을 부릅뜨며 묻는 나에게 그는 싱긋 웃으며 말했다. "그래서 싫어? 그만 만나고 싶어? 그때는 여자친구가 아니었으니까, 그냥 친구였으니까 그렇지. 사귀지도 않는 여자한테 편하게 할 순 없잖아. 그래서 그런 건데? 나는 원래 이런데?"

내가 당연하게 여겨 왔던 그의 많은 부분이 부끄러움이 많고 낯을 가리는 그의 페르소나였다는 것을 알게 되었을 때의 충격이란! 당황스러운 마음을 감출 길이 없었으나 물은 이미 엎질러진 뒤였다. 내 눈엔 콩깍지가 단단히 씌어 있었다. 그의 놀라운 변신은 얻어 걸린 인생의 보너스로 포장되었다. 새롭게 알게 된 그의 모든 성격은 있는지도 모르고 손에 쥐게 된 보물이었다. 초중 동창생의 익숙하고 뻔한 연애는 물러가라! 우리는 매일 해머를 들고 만나는 파괴의 연애, 그러니까 그동안 열심히 쌓아 왔던 서로에 대한 '앎'을 부수기 바쁜 연애를 시작했다. 그 놀라움의 순간들은 시기를 가리지 않고 찾아왔다. 연애 초기의 하루하루는 스펙터클하게 펼쳐졌다.

알 만큼 아는 사이, 정말 그럴까?

이제는 상대를 잘 안다고, 내가 모르는 모습은 없을 거라는 착각이 스물스물 올라오기 시작한 연애 4년 차, 그는 대학교 기숙사를 나와 자취를 시작했다. 친하게 지내는 형과 학교 앞 원룸에서 살게 되었는데 나는 그 생활이 못내 마뜩잖았다. 식당으로 내려가기만 하면 먹을 수 있던 밥을 혼자서 얼마나 챙겨 먹을 것이냐가 내심 불안했기 때문이다. 연애 초기, 그는 $180cm$의 키에 $50kg$을 간신히 넘는, 종잇장보다 더 하늘거리는 몸매를 지니고 있었다. 그를 살찌우기 위해 공들인 시간이 얼마인데, 금방 또 전처럼 26인치의 바지도 헐렁헐렁한 몸매로 돌아갈까 걱정하는 나에게 그는 말했다. "괜찮아, 집에서 갖고 온 반찬도 많고, 형이 요리를 잘해."

어제오늘 먹은 메뉴를 읊어 주는 그에게 나는 그럼 자기는 무얼 하냐고, 자취 생활 덕분에 요리도 할 줄 알게 되는 거냐고 반색을 하며 질문을 던졌다. 그때 돌아온 대답은 다시 한 번 엄청난 충격과 공포를 몰고 왔다. "아니, 나는 요리 안 해. 저번에 형이 햄 좀 구우라고 시켜서 홀랑 다 태워 버렸어. 아마 다시는 나한테 요리 안 시키겠지? 상 차리고, 치우고, 설거지하는 게 낫지. 요리는 정말 귀찮고 성가셔. 대신 청소랑 다른 건 내가 하니까 형도 손해 보는 건 아니야."

당시 내가 기절할 듯 놀랐던 이유는 나의 굳은 생각 즉 '그는 바보처럼 착하기만 한 사람'이라는 판단이 와르르 무너졌기 때문이다. 오랜 시간 그가 사람들과 관계를 맺는 방식이 무조건적인 희생과 양보에서 기인한다고, 마냥 퍼 주고 허허 웃을 줄만 안다고 생각했다. 하지만 그건 사실이 아니었다. 그는 영악하고 이해타산이 빠른 사람이었다. 내가 봐 왔던 그의 많은 행동은 '생각 없는 퍼 주기'가 아니라 '지금 내가 할 수 있는 최선이자 가장 바람직한 선택을 모색해 도출한 결과'인 동시에 그가 '소중한 사람을 대하는 방식'이었던 것이다.

"알지 못하는 무지와 대립되는 짝은 앎이고 지식이다. 무명은 그런 의미에서 지식의 불가능성을 뜻한다. 아무리 다가가도 충분히 알 수 없고, 확실하게 틀어쥐려 할수록 놓치게 되는 것이 무상한 세계의 실상이기 때문이다. 지혜란 그런 지식을 확장하여 얻어지는 게 아니라 무상이라는 바로 그 사태를 받아들이는 것이다."

— 이진경, 《불교를 철학하다》 중에서

'님'이라는 글자에 점 하나만 찍으면 '남'이 된다는 말이 주는 허무함만큼이나 허탈한 것이 '앎'이 주는 착각일 것이다. 우리는 많은 순간 내가 그것을 안다고, 아주 잘 안다고, 내가 아는 것이 당연하고도 모든 것일 거라 장담하지만 실상 그 모든 생각은 무너지기 쉬운 모래성이자 무너트려야 할 성벽으로 존재한다. 내가 너를 안다는 착각만큼 우스운 것이 또 어디 있을까. 나조차도 나를 모르는데 나 아닌 너를 안다고 '감히' 말하는 많은 순간 우리는 진짜 너를 만날 기회를 놓치고 있는 게 아닐까?

"엄마! 진짜 그러네? 양파는 벗겨도 벗겨도 계속 나오네? 저번에 내가 냈던 수수께끼였잖아!" 저녁 준비를 하고 있는 내 옆에 와서 자기도 양파를 벗겨 보겠다 참견을 하는 아이의 눈을 보며 말하고 싶다. 벗겨도 벗겨도 새로운 건 바로 너라고, 네가 엄마의 수

수께끼라고, 우린 우리 모두의 수수께끼로 존재한다고. 혀 끝에서 맴도는 말을 꺼낸다 해도 돌아올 말이 요원하다는 걸 알기에 간신히 말을 삼키고 내 안의 착각을 부순다. 오늘도 내가 알아야 할 사실은 오늘도 내가 모른다는 진실이자 결코 알 수 없다는 진리다.

18

여자의 위기,
적립은 부지런히 인출은 화끈하게

지금이 좋을 때라는 어르신들의 덕담이 조금도 와 닿지 않던 시기를 지나 '지금이 좋은 때인가?' 하며 고개를 갸웃거리게 되는 요즘이다. 아이와 보내는 대부분의 시간이 '힘들다'보다는 '소중하다', '버틴다'보다는 '누린다'에 가까워지고 있으니 지금이 좋은 때가 맞구나 싶으면서도 자꾸 더 욕심을 부리게 된다. 나를 부르지 않고 혼자 놀기 시작하면, 무리해서 장만해 준 원목 침대에서 혼자자기 시작하면, 이것만 하면, 저것만 하면……. 인간의 얄팍한 마음은 끊임없이 '조금 더'를 외치며 오늘의 아쉬운 점을 찾아 나선다. 하지만 머리로는 이미 잘 알고 있다. 머지않아 내 입에서 '지금

이 좋을 때야'라는 말이 나오리라는 것을.

"품 안의 자식이라고, 데리고 잘 때가 좋지. 머리 커서 사춘기라도 와 봐. 하루아침에 다른 애가 되어 가지고는, 아니 눈빛부터 달라진다니까? 내가 쳐다보는 것도 눈치를 봤어!" 아이들의 발육이 빨라진 탓에, 중학생들의 전유물이었던 사춘기가 이제 초등학교 3~4학년이면 시작된단다. 어느 날부터 방문을 닫고 들어가 대화를 거부하고, 180도 다른 존재가 되어 버린다는 질풍노도의 시기를 나는 과연 현명하게 보낼 수 있을 것인가. 앞서 그 시기를 겪은 선배님들의 말을 들을 때마다 절로 겸허한 마음으로 비장한 각오를 다지게 된다. 그리고 그 각오의 무게는 이내 더욱 무거워진다. 인생의 사춘기는 결코 단 한 번, 10대에만 찾아오는 게 아님을 알고 있기 때문이다.

또 한 번의 사춘기, 청춘의 사춘기

'육체적·정신적으로 성인이 되어 가는 시기'라는 사춘기를 나는 두 차례에 걸쳐 호되게 치렀다. 열네 살에 육체적인 사춘기를 경험한 나는 스무 살에 다시 한 번 정신적인 사춘기를 맞이했고, 이는 대학 생활 내내 지속됐다. 내가 무엇을 하고 싶은지, 어떤 삶을 살고 싶은지, 어떤 직업을 가질 것인지, 한 사회의 구성원으로 독립하는 과정은 결코 쉽지 않았다. 신체적으로 먼저 성인이 되었다고 해서 익숙한 건 조금도 없었다. 모든 게 새로웠다. 낯선 어려움이었다. 나는 번데기가 된 애벌레처럼 정지된 시간을 살아 낸 뒤에야 껍질을 뚫고 나와 비로소 숨 쉴 수 있었다. 날아오를 준비를 마친 졸업생이 되었고, 세상 밖으로 나와 사회생활을 시작했다.

나는 일을 하고, 너는 공부를 하고. 나는 돈을 벌고, 너는 돈을 벌 준비를 하고. 그의 군 생활로 인해 동갑내기 커플이었던 우리는 한동안 피할 수 없는 불일치의 시절을 보냈다. 그러다 너도 나도 일을 하고, 너도 나도 돈을 벌게 된 첫해, 우리가 그토록 기다렸던 그해에 우리는 파국을 향해 달리는 전차에 올라탄 남녀가 되었다. 우리는 거의 매일 싸우고 매주 언성을 높였으며 매달 한숨을 내쉬며 진흙탕 같은 현실에서 허우적댔다. 우리가 기다리던 봄날은 기어코 오지 않았다. 우리가 도착한 그곳엔 단 하나, 180도 달라진 그가 있었을 뿐이다.

그의 오춘기, 우리의 격랑기

태어나 처음 직장 생활을 시작한 그는 폭풍과 스트레스 한가운데 서 있는 시기, 아주 많은 혼란과 갈등을 경험한다는 '질풍노도의 시기'로 걸어 들어갔다. 그는 전처럼 웃지 않았다. 전처럼 말하지도 않았다. 눈빛과 표정, 말투와 행동, 모든 것이 달라졌다. 나는 변해 버린 그의 모습을 내 눈으로 확인하면서도 믿을 수가 없었다. 당황스러웠다. 어찌해야 할 바를 몰랐다. 내가 갈피를 못 잡는 사이 그는 그런 나를 힐난했다. 나를 몰아쳤다. 나의 많은 말은 그저 그를 화나게 하는 투정이자 그를 괴롭히는 창이었다. 아니, 나라는 존재 자체가 문제였다.

"그렇게 힘들면 이번 주말에는 올라오지 말고 그냥 좀 쉬어. 이렇게 앉아서 조는 것보다는 들어가서 자는 게 낫지 않겠어?" 매일 자정이 지나서야 끝이 나는 업무를 5일 동안 반복한 그는 주말마다 무너졌다. 식당에 앉아 밥을 먹다가도, 카페에 앉아 이야기를 하다가도, 이런 상황에서 잠을 자는 게 가능한가 싶은 모든 상황에서 그는 고개를 떨구며 수시로 잠이 들었다. 그때마다 나는 덩그러니 혼자 남겨졌다. 나는 내가 하는 말의 대부분을 기억조차 하지 못하고, 나와 마주앉은 시간 대부분을 잠으로 보내는 그가 불쌍했다. '이렇게 시간을 보내는 것보다 집에서 푹 자고 에너지를 충전하는 게 낫지 않나? 주말마다 무리해서 올라오지 말고 그냥 회사 기숙사에서 쭉 쉬는 게 더 좋잖아?'

그를 배려해서 뱉은 나의 말은 그를 질책하고 비난하는 말, 그럼에도 불구하고 내가 보고 싶어 나온 그의 수고와 마음을 몰라주

는 야속한 말이 되어 돌아왔다. 무엇을 해도 시큰둥, 언제나 잔뜩 화가 난 듯한 얼굴로 날이 서 있는 그의 기분을 맞춰 주는 게 점점 버거웠다. 아니, 불가능한 일로 느껴졌다. '그러지 말아야지, 그냥 웃어 줘야지, 그럴 수도 있지, 내가 이해해 줘야지.' 수많은 순간 되뇌고 또 되뇌며 외우는 주문은 허무하게 퍼져 가는 메아리로 사라질 뿐. 그의 싸늘한 얼굴과 말투는 언제나 아프고 괴로웠다. 그의 한마디 한마디에 깊고 진한 생채기가 새롭게 생겨났다. 그 상처가 쌓이고 쌓여 더 이상의 상처를 감당할 자신이 나에게 없다는 확신이 들었을 때, 나는 마음의 결정을 내렸다. 그리고 그에게 말했다. 우리 이제 이런 연애는 그만하자고.

"결혼하자. 결혼해서 같이 살아. 왔다 갔다 진만 빠지는 장거리 연애는 그만두고, 한 집에서 같이 살자. 그게 좋을 것 같아. 이런 식으론 계속 못 만나. 우리 금방 한계야. 결혼을 해. 결혼을 하자. 우리 그냥 같이 살자." 내가 이별 대신 결혼을 제안한 이유는 분명했다. 오늘의 그는 번데기가 되어 힘겨운 시간을 통과하고 있다는 걸 알고 있었기 때문이다. 그는 단지 버티고 있을 뿐이었다. 새로운 환경과 냉정한 사회, 밥벌이의 고단함과 어려움, 그 무거운 책임감과 부담감 속에서 낑낑 그리고 끙끙 애를 쓰고 있을 뿐이었다. 그게 버거울 뿐이었다.

나를 향한 그의 마음은 여전했다. 그의 사랑은 온전했다. 그와 함께한 시간이 증명했다. 우리가 쌓아 온 수많은 순간들이 매 순간 내게 속삭였다. 눈앞의 폭풍에 가려진 진짜를 보라고, 결코 변할 수 없는 중심을 보라고. 내가 사랑하는 그는 다정한 사람이었다. 자기에게 소중한 사람을 소중하게 여길 줄 아는 사람, 누군가를 진심으로 사랑할 줄 아는 사람, 놓쳐 버릴 수 없는 특별한 사람. 나는 그와 함께 언덕을 넘고 싶었다. 폭풍우를 지나고 싶었다. 그의 손을 놓지 않고 걸어갈 수 있는 유일한 길이 결혼이었다. 그래서 그에게 청혼했다. 아니 집요하게 설득하고 독촉했다. 그의 입에서 승낙의 말이 나올 때까지.

인생의 격랑기, 입금과 출금의 법칙

쉽지 않았던 여러 고비가 있었지만 그는 내 청혼을 수락했다. 우리는 8개월 뒤 결혼식을 올리기로 결정했다. 우리의 결혼식 날짜가 정해졌을 때 나는 화끈한 '출금'을 시작했다. 내 마음의 통장에는 그가 쌓아 둔 입금 내역이 빼곡했다. 눈이 오나 비가 오나 주말마다 어김없이 타고 올라온 고속버스 티켓이며 혹시라도 내가 길거리에서 받은 판촉 휴지를 쓸까 봐 늘 따로 챙겨 줬던 매끈하고 도톰한 고급 화장지, 냄새에 예민한 내가 불편해할까 봐 물리치료를 받고 있는 와중에도 절대 붙이지 않았던 파스까지. 짧지 않은 시간의 역사만큼이나 그는 착실하고 성실한 사랑꾼이었다. 나는 부지런히 쌓아 온 그의 애정 자산에 감탄하며 기꺼이 나의 시간을 적립했다. 말을 멈추고 가슴을 열고 서운함을 거두고 기대를 버리고, 그저 내 앞의 그를 끌어안았다. 온전히 받아 주고 따뜻하게 웃었다. 나의 시간은 차곡차곡 그의 마음 통장에 새겨졌고, 얼마 지나지 않아 다시 내게 되돌아왔다. 결혼 후 바로 찾아온 임신과 출산, 육아로 인한 우울증으로 내가 다시 질풍노도의 시기를 겪게 되었기 때문이다.

> "가장 절박하고 힘이 부치는 순간에 사람에게 필요한 건 '네가 그랬다면 뭔가 이유가 있었을 것이다', '너는 옳다'는 자기 존재 자체에 대한 수용이다. '너는 옳다'는 존재에 대한 수용을 건너 뛴 객관적인 조언이나 도움은 산소 공급이 제대로 되지 않은 사람에게 요리를 해 주는 일처럼 불필요하고 무의미하다."
>
> — 정혜신, 《당신이 옳다》 중에서

스무 살이 되면 절로 성인이 되는 줄 알았던 시기를 지나 온 지금은 안다. 어른이 되어 가는 과정은 단 한 번의 완성형 아닌 끝없는 반복형이라는 것을. 일정한 간격으로 늘어선 계단은 언제나 힘이 든다. 쉬워지는 법이 없다. 우리 앞에는 더 많은 폭풍우가 숱하게 찾아올 것이다. 그래서 쌓아 두고 싶다. 너의 오늘을 도무지 이해할 수 없는 시기, 인정하기 힘든 시기, 너를 보며 웃음 짓기 힘겨운 순간마다 너를 끌어안을 수 있게 도와주는 찰나의 기억들을. 내가 누리고 받았던 반짝이는 순간들을, 잊을 수 없는 사랑의 순간들을……. 가장 절박하고 힘겨운 순간 필요하다는 '존재 자체에 대한 수용'은 바로 이런 시간들 속에서 가능할 것이다. 그래서 나는 오늘도 하루를 적립한다. 고요한 오늘은 흔들리는 내일의 구원으로, 평범한 순간은 격정의 견고한 요새로. 언제 다시 찾아올지 모를 질풍노도의 시기 앞에서도 우리는 그렇게, 살며 사랑할 것이다.

Part. 3

독립을 앞둔 너에게

19

여자의 결혼,
그놈이 그놈 중에 그놈을 고르는 법

"엄마, 딱 하나만 골라야 돼? 두 개는 안 돼?" 장난감을 살 때도 과자를 살 때도 스티커를 살 때도 언제나 딱 한 개, 단 하나의 선택만을 허락하는 엄마 앞에서 아이는 늘 심각한 표정을 짓는다. 대체로 아이는 양손에 하나씩 최종 후보를 빠르게 선택한 후 본격적인 고민을 시작한다. 오른쪽 한 번 왼쪽 한 번, 오른쪽 한 번 왼쪽 한 번……. 도무지 끝이 날 줄 모르는 도리질 속에서 터져 나오는 결론은 늘 짧은 비명. "아악! 모르겠어!" 둘 중에 뭘 골라야 할지 모르겠다는 탄식은 곧 '둘 다'를 원하는 간절한 눈빛 공격으로 이어진다. 하지만 나는 늘 조용히 선택의 순간을 기다린다. 불필요한 소비를 하지 않기 위한 규칙이기도 하지만 보잘것없는 일상의 작은 순간이라도 하나씩, 선택의 경험이 쌓이길 바라기 때문이다.

"아, 이거 말고 그걸 살걸 그랬어. 다음엔 반짝이 말고 두꺼운 걸 살래. 이건 너무 얇아서 자꾸 찢어지고 별로야." 선택은 후회를 낳고, 후회는 다짐을 부른다. 자주 자신의 선택을 아쉬워하는 아이를 다독이며 나는 말한다. 세상에 완벽한 선택이란 있을 수 없다고, 모든 게 좋기만 한 것도 없다고. 내 마음에 드는 부분이 있으면 영 별로인 구석도 있고, 나에게 유용한 점이 있는가 하면 그다지 쓸모가 없는 점이 있기도 한 게 자연의 이치 아니겠는가. 무엇 하나 마음에 들지 않는 게 없는 완벽한 무언가를 찾는다는 건 불가능에 가까운 일이니 말이다.

몇 해 전, 새 앨범을 들고 돌아온 소길댁 이효리가 어느 TV 프로그램에서 했다는 한마디 '그놈이 그놈이다'를 보고 피식 웃음이 나왔다. 그녀의 내공이 느껴지기도 했거니와, 굳이 방송을 보지 않아도 그 말 속에 담긴 만고의 진리, '이놈이고 저놈이고 하자 없는 놈은 없다. 특별한 놈은 없다'는 소리가 완벽히 이해됐기 때문이다. 세상만사 모든 선택의 원칙이 배우자라고 비껴갈 리 있나. 세상에 좋기만 한 선택은 없다는 진리는 결혼에도 공평하게 작동한다. 그래서 우리는 외치게 되는 게 아닐까? 그 결정을 저지르고야 만 나를 콱! 쥐어박고 싶다고.

내가 그와 결혼한 이유, 놀라웠던 그 순간

친구들 중 가장 먼저 유부녀가 된 나는 결혼해도 좋을 남자라 는 걸 어떻게 알았냐는 질문을 종종 받는다. 그때마다 선명하게 떠 오르는 기억은 연애 2년 차 어느 날에 나눴던 대화다. 갑자기 왜 그런 질문을 꺼냈는지 모르겠으나 나는 그에게 물었다. 자기는 꿈 이 뭐냐고, 이루고 싶은 것이나 하고 싶은 게 있냐고. 뜬금없는 나 의 꿈 타령보다 놀라웠던 건 그의 대답이었다. 조금의 망설임도 없 이 그는 말했다. 여우 같은 마누라, 토끼 같은 자식이랑 행복하게 사는 게 나의 꿈이라고, 그게 이루고 싶은 일이라고.

'잉? 아니 이건 산전수전 다 겪고 난 은퇴 후의 가장이 할 법한 이야기가 아닌가? 이게 20대 초반 남자의 입에서 나올 수 있는 대 답인가?' 고개가 절로 갸웃, 조금도 예상치 못한 답변에 짐짓 당황 한 나는 되물었다. "정말? 그게 꿈이라고? 어떤 일에서 성공하고 싶다거나, 어떤 자리에 오르고 싶다거나, 돈을 얼마큼 벌고 싶다거 나, 뭐 그런 목표 같은 건 없어?"

그는 말했다. "돈이고 자리고 권력이고 다 부질없는 거야. 인생 무상 몰라? 빈손으로 왔다가 빈손으로 가는 인생. 무언가를 이루려고 아등바등 사는 것보다 지금 이 순간의 행복에 충실한 게 제일이지. 나는 돈이나 성공에 대한 욕심 없어. 여우 같은 마누라, 토끼 같은 내 자식 굶기지 않고 먹여 살릴 정도의 돈이야 벌 수 있겠지. 귀여운 내 새끼들 데리고 알콩달콩 사는 게 내 꿈인데, 왜? 이상해?" 그때 생각했다. '오호라, 이놈은 결혼까지 생각하고 만나도 될 놈이군. 결혼해도 괜찮을 놈이야.'

내가 최초로, 동시에 명료하게 그와 결혼해도 좋겠다고 생각한 이유는 그가 삶을 대하는 태도가 나의 인생관과 맞아떨어졌기 때문이었다. 나는 일에 미쳐 부인이고 자식이고 안중에 없는 남자를 견딜 자신이 없었다. 그래서 그가 좋았다. 독기 어린 야망이 없는 것도, 언제나 느긋하고 여유로운 태도도, 내일의 행복을 위해 오늘을 저당 잡히는 삶을 혐오하는 가치관도.

나는 주저 없이 그를 선택했다. 그래서 기꺼이 수용했다. 두 시간쯤 공부를 하고 나면 네 시간쯤 쉬어 주어야 하는 그의 방식도, 열 시간쯤 자고 나도 열두 시간쯤은 더 잘 수 있는 그의 일상도. '공부는 기본 여덟 시간, 수면은 최대 다섯 시간'이라는 나의 기준과는 상당히 동떨어진 생활 방식이었지만 나는 굳이 이해하려고 애쓰지 않았다. 아니 이해해 보겠다는 시도조차 하지 않았다. 그저 언제나 감탄할 뿐. "우와, 정말 대단하다! 놀라워!"

그놈이 그놈 중에 그놈을 고르는 법

내가 줄곧 강조하는 결혼의 제1법칙, '그놈이 그놈 중에 그놈을 고르는 방법'은 여기서 시작한다. 세상에 하자 없는 사람이란 존재하지 않으므로 그놈이고 저놈이고 너나 나나 어차피 결함 상품인 건 매한가지, 다를 게 없을 터인데 그 속을 가만히 보면 알 수 있다. 각자가 가지고 있는 흠의 모양과 위치는 천차만별, 모두가 다르다는 것이다.

가지각색의 흠은 크게 두 가지로 구분된다. 내가 참을 수 '있는' 흠과 내가 참을 수 '없는' 흠. '나'를 기준으로 한 이 분류는 지구 상에 존재하는 인구의 수만큼이나 다양하다. 누군가에게는 1분 1초도 견딜 수 없는 흠이 누군가에게는 별것도 아닌 일상이 되기 때문이다. 그러니 나에 대한 이해가 분명할수록 더 나은 놈, 아니 정확하게는 나와 더 잘 맞는 놈을 고를 수 있다. 내가 중요하게 여기는 것이 무엇인지를 명확하게 알고 있는 만큼 보다 나은 선택, 더욱 건설적인 결정이 가능하다는 뜻이다.

"그들에게 내가 가장 먼저 내리는 처방은 '자신이 어떤 사람인지' 생각해 보라는 것이다. 인생에서 겪는 거의 모든 문제가 관계로부터 시작된다는 사실을 기억한다면, 관계의 주체인 자신을 제대로 아는 것만으로도 인생 문제의 절반 이상이 풀리기 때문이다."

— 미리암 프리스, 《서른과 마흔 사이 나를 되돌아볼 시간》 중에서

오늘 하루 가지고 놀 스티커를 고르는 일에서부터 평생을 함께하고 싶은 사람을 고르는 일까지 인생의 숱한 선택의 순간 중요한 건 '나'를 아는 일이고, 내가 절대 포기할 수 없는 가치, 내가 결코 견뎌 낼 수 없는 하자를 분별하는 일이다. 세상에 단 하나, 오직 '나'라는 사람의 기준으로 선택을 내렸다면 이제 다음 단계! 최선을 다해 내 선택의 결과에 책임을 져야 한다. 그놈이 그놈 중에 그놈을 선택했다는 것은 그놈이 가진 매력뿐 아니라 그놈이 가진 단점과 한계, 그놈이 갖지 못한 수많은 것들을 함께 끌어안는 것이기 때문이다. 내가 고른 그놈에 붙은 흠 또한 반드시 부록으로 따라오는 법이니까.

많은 경우 우리는 완벽한 선택을 기대한다. 그 기대는 불가능한 욕망으로 발현된다. 불가능한 것을 향한 욕망은 자신과 상대를 해치는 최악의 흉기로 돌변한다. 그놈이 갖지 못한 것을 욕망할 거

라면 그놈을 선택하지 말았어야 할 일이다. 너는 왜 그걸 갖지 못했느냐, 왜 너는 그런 흠을 갖고 있느냐 상대를 비난할 일이 아니라 그런 흠을 갖고 있는 그를 선택한 나 자신을 비난하고 몰아칠 일이다. 내가 내린 선택을 돌아보고 반성할 일이다. 느긋하고 여유로운 남자를 택했다면 약간의 한만함과 나태함은 흠이 될 수 없다. 일보다 가족을 우선시하는 남자를 골라 놓고 입이 떡 벌어지는 연봉을 기대한다는 건 가당치도 않은 일이 아닌가?

돈과 자리를 욕망하지 않는 남자를 선택한 나는 그가 대기업에 들어가지 않아도, 다니던 직장을 그만두고 편의점을 시작해도 언제나 그를 지지하고 응원한다. 진심으로 존경한다. 자신의 장점을 '정직함'으로 꼽는 남자의 아내인 나는 불법 행위를 강요하는 사장의 명령에 따르지 못하는 그에게 "괜찮아. 사표 써!"라고 말할 수 있다. 6개월의 백수 생활도 기쁘게 즐긴다. 내가 그를 선택한 순간 그가 비난받아야 할 흠과 한계는 존재하지 않는다. 내가 사랑하고 보듬어야 할 한 남자가 존재할 뿐이다.

우리가 예수도 부처도 아닌 이상, 조금의 불평과 비난도 없이 타인을 감싸 안을 수는 없다. 때때로 부딪치고 꽤 자주 흔들리고, 많은 순간 갈등하고 끔찍하게 미워도 하겠지만 상대의 가슴에 지울 수 없는 상처를 남기지는 말자 다짐한다. 내가 뭐라고 너를 비난하겠는가. 나는 너보다 나은 인간이라고 확신할 수 있을까. 너 아닌 '다른 너'는, 과연 너보다 괜찮을까를 곱씹으면서 말이다.

우리는 매 순간 선택을 하고, 그 선택의 결과 오늘을 산다. 언제나 합리적인 선택을 할 수는 없다. 선택에도 연습이 필요하다. 그래서 오늘도 나는 딱 하나! 한 개만 선택하고 책임지기를 고집하는 엄마의 '치사함'을 변명해 본다. 이 사소한 선택의 순간들이 나를 더 알아 가는 길, 내가 선택한 많은 것을 더 사랑하는 길이 되길 소망하면서.

20

여자의 독립,
결혼이야 비혼이야?

"엄마! 기린은 세 살이면 어른이 돼서 짝짓기를 한다는데? 여우는 혼자 사냥을 할 줄 알게 되면 바로 독립해서 혼자 산대!" 두 돌 무렵 구입한 자연관찰 전집에 이제야 빠져든 여덟 살 어린이의 관심사는 오로지 짝짓기와 독립이다. 기린은 세 살, 돼지는 한 살. 봐도 봐도 신기하고 믿을 수 없는 시간표를 들여다보며 아이는 매번 자신의 나이를 꼽아 본다. 그리고 언제가 될지 알 수 없는 자신의 독립을 가늠해 본다. 하지만 결론은 한결같은 비혼非婚 선언으로 마무리! "나는 결혼 안 할 거야. 서른 살이 넘어도 아빠, 엄마랑 계속 같이 살 거야!" 나는 그 말이 커서 아빠랑 결혼을 할 거라는 말과 하등 다를 게 없는 빈 소리란 걸 알면서도 *끄덕끄덕*, 이보다 진지할 수 없는 얼굴로 대꾸한다. "그래, 하윤아. 결혼을 꼭 해야 하는 건 아니야. 안 하고 싶으면 안 해도 돼! 엄마도 하윤이랑 오래도록 같이 살면 좋지 뭐."

'내가 이렇게 말했다고 해서 정말 둘 다 안 하는 건 아니겠지? 설마 평생 셋이 살자고 하는 건 아니겠지?' 혹시라도 진짜 독립 없는 비혼족이 될까 봐 세상 쓸데없는 걱정을 하면서도 매번 자신 있게 큰소리를 치는 이유는 아마도 흔히들 말하는 '딸 가진 엄마의 바람' 때문일 것이다. 내 딸은 나보다 자유롭게 살기를, 내 딸은 나보다 거침없이 살기를. 여전히 여자들의 자유와 가능성을 억압하는 기재로 작동하는 결혼 앞에서 내심 바라게 된다. 나라는 사람의 꿈과 목표를 아내라는 지위에 가두지 않고, 어머니라는 신화에 빼앗기지도 않고, 더 많은 걸 누리며 가볍게 훨훨 더 높이 날아다니는 빛나는 아이의 모습을 말이다.

2020년을 사는 2, 30대 젊은이의 70%는 결혼이 더 이상 필수가 아니라고 대답했다. 결혼은 이제 개인의 선택이 되었다. 결혼을 선택하는 사람들의 숫자는 갈수록 줄어들고, 시기는 늦어진다. 학교를 졸업하면 취업을 하고, 직장을 구하면 결혼을 한다는 우리 사회의 '당연한' 공식은 흔들리기 시작했다. 아니 정확히 말해 무너졌다고 봐야 할 것이다.

지금으로부터 약 10년 전, 7년 동안 만난 첫사랑과 결혼을 한 나는 결혼이냐 비혼이냐의 고민 앞에 서 보지 못했다. 혼인을 선택하지 않은 주체성을 강조하는 '비혼'이란 말도 존재하지 않던 시기였다. 결혼을 해야 한다는 것을 전제로 '아직 하지 않은 상태'임을 뜻하는 '미혼未婚'과 혼기가 꽉 찰 때까지 결혼을 하지 못해 히스테리를 부리는 사람의 대명사 '노처녀'라는 말의 위세만이 당당했던 시절, 결혼은 나의 선택으로만 결정할 수 있는 문제가 아니었다. 그게 못내 아쉽기도 하지만 시간을 되돌려 다시 그때로 돌아간다 한들 당당하게 '비혼'을 선택할 용기가 있을는지는 의문이다. 대학이라는 울타리를 나와 사회인으로 살면서 처음으로 세대주가 되어 독립을 경험했던 2년이라는 시간은 여자 혼자 살아가는 일상의 어려움을 느끼는 데 넘치도록 충분했기 때문이다.

비혼의 어려움, 여자 혼자 살아간다는 것

대학을 졸업하고 직장인 대신 프리랜서를 택한 나는 보증금 2,000만 원에 월세 45만 원짜리 사무실을 얻었다. 나를 첫 세대주로 만들어 준 그곳은 2,634세대가 모여 사는 대단지 아파트였다. 상업 지구도 아닌 주거 단지, 이미 10년을 넘게 살아온 우리 동네의 집 한 칸을 임대해 사는 일은 크게 어렵지 않을 거라 생각했다. 부동산 계약서에 도장을 찍고, 필요한 가구를 사고, 주방용품 몇 가지만 챙겨 넣은 독립은 독립이라 부르기도 민망했다. 그 집에서 보낸 시간은 대개 오전 10시부터 밤 10시까지 하루의 반나절뿐. 100% 업무를 목적으로 임대한 그곳은 나의 일터로 존재했을 뿐, 거주지가 되지 못했다. 걸어서 5분이면 도착하는 우리 집의 아늑함을 버릴 이유가 없었던 데다가 여자 혼자 사는 집이 주는 불안과 공포가 갈수록 더해졌기 때문이다.

미처 예상하지 못했던 이상한 기류, 내가 경험하지 못했던 차별과 무시는 이사 첫날부터 시작됐다. 이사라고 할 것도 없는 조촐한 이동을 보고 달려온 경비 아저씨의 태도, 인터넷 설치를 위해 방문한 기사 아저씨의 말투, 세대주와 거주인을 적어 제출하라는 종이를 들고 찾아간 관리사무소의 직원 모두가 비슷했다. 아빠와 함께 있는 나에게는 친절하게, 아빠 없이 혼자 있는 나에게는 매몰차게. 50대 남성이 서 있을 땐 바로 처리되는 많은 일이 20대 여성에겐 꾸지람을 들어야 할 일이 되었다. "아니 이렇게 하시라고요, 이거 몰라요?", "아 정말 바빠 죽겠는데 거참 되게 성가시게 하네."

지어진 지 20년이 훌쩍 넘은 노후 아파트의 문제는 빈번하게 발생했다. 보일러 문제, 배관 문제, 누수 문제, 대문 문제! 어느 날은 난데없이 돌아갈 생각을 하지 않는 현관문의 손잡이 때문에 집 안에 꼼짝없이 갇히게 되는 일까지 벌어졌는데, 그날도 어김없이 '망가진 현관문'의 문제보다 '세상 물정 모르는 어린 여자가 문제'라는 듯 대하는 자들의 문제를 더 크게 느껴야 했던 나는 지금 당장, 반드시! 기필코 손을 봐야 하는 일이 아니라면 무조건 '남자친구가 올라오는 주말'이나 '아빠가 오실 수 있는 어느 날'까지 버티는 신공을 발휘했다.

하지만 정작 더 큰 문제는 내가 선택할 수 없는 순간 찾아왔다. 그건 미룰 수도 피할 수도 없는 일이었다. 잊을 만하면 한번씩 술에 잔뜩 취한 남자가 끝없이 대문을 두드리는 일이나 복도 쪽에 난 창문으로 집 안을 들여다보는 남자와 눈이 마주치는 일, 우리 집 거실을 지켜 보는 웬 남자의 그림자를 확인하는 일은 예고 없이 찾아와 내 정신을 앗아 갔다. 나는 매번 철렁, 바닥까지 내려앉아 버린 가슴을 부여잡고 바들바들 손을 떨었다. 발걸음을 옮길 수도 전화를 걸 수도, 고개를 돌릴 수도 없는 공포 속에서 절절하게 깨달은 건 남자의 필요성! 계약 기간이 끝나자마자 정리해 버린 2년간의 미니 독립은 나에게 결혼의 필요성을 주입하는 역설의 시간이었다.

결혼이라는 신기루, 우리가 선택해야 하는 결합의 핵심

남편이라는 남자를 얻게 되면 안전해질 거란 착각은 한 달을 가지 못했다. 그가 지켜 주는 나는 찰나의 순간일 뿐이었다. 대부분의 시간 나는 혼자였다. 그가 없는 빈집의 나는 또다시 약자였다. 나는 가능한 한 그의 뒤에 숨어 살아가는 법, 그의 그늘 아래에서 생존하는 법을 익혀 갔지만 이내 깨달았다. 남편이라는 방패막이 또한 영원할 수 없는, 언제 어떻게 사라질지 모르는 신기루에 지나지 않다는 사실을 말이다.

아버지 밑에서 자라다 남편 옆으로, 남편이 먼저 떠나면 아들 곁으로. 아버지에서 남편, 아들로 이어지는 보호막이 나를 지켜 줄 것이라는 생각은 시대착오적인 발상일 뿐 아니라 주입 당한 착각이다. 긴 시간 많은 가정에서 아버지와 남편은 보호막 아닌 가해자로 존재했다. 자라는 내내 크고 작은 폭력에서 자유로울 수 없는 여자들의 안전은 결코 누군가의 존재를 통해서 보장받을 수 없다. 결혼을 통해 얻을 수 없다.

비혼 아닌 결혼이 안락과 평온의 보증 수표가 아니란 걸 알면서도 혼자 사는 여성을 대상으로 한 범죄 뉴스를 볼 때마다 파르르 손이 떨린다. 아직 한참이나 남은 아이의 미래가 걱정될 때마다 나는 다시금 마음을 부여잡고 다짐한다. "그러니까 구멍 숭숭 뚫린 임시 천막이라도 들어가!"라고 외치는 대신 "오늘의 네가 원하는 걸 선택해. 세상을 살아가는 방식이 꼭 하나뿐인 건 아니야. 가족의 형태가 반드시 짝을 이룬 남녀야만 하는 것도 아니야. 우리는 누구나 자신이 원하는 삶의 방식을 선택할 권리가 있고, 엄마는 네가 어떤 선택을 하든 너를 지지하고 응원할 거야. 인정하고 수용할 거야. 그러니까 지금 네 마음의 소리에 귀를 기울여 보고 네 가슴이 시키는 길을 가렴"이라고 말하는 내가 되자고, 그런 내가 될 수 있도록 노력하자고.

> "우리나라 1인 가구 비율이 27%를 넘는다고 한다. 1인 가구는 원자와 같다. 물론 혼자 충분히 즐겁게 살 수 있다. 그러다 어떤 임계점을 넘어서면 다른 원자와 결합해 분자가 될 수도 있다. 원자가 둘 결합한 분자도 있을 테고 셋, 넷 또는 열둘이 결합한 분자도 생길 수 있다. 단단한 결합도 느슨한 결합도 있을 것이다. 여자와 남자라는 원자 둘의 단단한 결합만이 가족의 기본이던 시대는 가고 있다. 앞으로 무수히 다양한 형태의 '분자 가족'이 태어날 것이다. 이를테면 우리 가족의 분자식은 W_2C_4쯤 되려나. 여자 둘 고양이 넷. 지금의 분자 구조는 매우 안정적이다."
>
> – 김하나 · 황선우, 《여자 둘이 살고 있습니다》 중에서

결혼 대신 결합을 선택한 이야기, 이성애 아닌 동성애 이야기, 사람 말고 동식물과 사는 이야기, 셰어하우스 이야기……. 나는 낯설고 익숙하지 않은 이야기를 굳이 찾아 읽으며 내 머릿속의 분자 구조를 확장한다. 정상과 비정상의 벽을 허물고 평범함의 범위를 넓혀 본다. 그리고 실천해 본다. 오늘도 약자라는 이유로 폭력 앞에 무분별하게 노출된 존재들의 안녕을 위한 길, 보다 나은 세상을 만들기 위한 일상의 작은 실천들. 고작 나 하나의 보잘것없는 실천이 가져올 변화야 불 보듯 뻔하지만 소소하게 쌓아 간다. 멈추지 않고 걸어간다. 오늘의 내가 더한 노력이 세 살이 된 기린처럼 한 살이 된 돼지처럼, 자기만의 길 앞에 서서 독립을 맞이할 아이에게 들려줄 나의 말을 결정지을 것임을 알기 때문이다. 믿고 있기 때문이다.

21

여자의 가족,
우리 집 아닌 너희 집은 전부 이상해

초등학생이 된 아이는 하루가 멀다 하고 고개를 흔들며 말한다. "이상해, 이상해. 정말 이상해. 학교는 진짜 이상해. 너! 무! 이상해!" 표정만 봐도 알 수 있는 불만의 정도를 느끼며 나는 늘 모르는 척 수도 없이 반복해 온 질문을 오늘도 처음인 양 던진다.

"뭐가 이상한데?"

등원 직후부터 하원까지 오로지 놀기, 또 놀기! 내가 해야 할 일이라곤 오로지 노는 일뿐이었던 시절과 너무 다른 학교 생활의 이상한 점은 끝도 없이 나열된다. 책상 앞에 얌전히 앉아 정해진 시간표에 맞춰 학습을 해야 하는 생활은 모든 게 자유롭고 편안했던 어린이집, 놀이학교의 문화와 절대 같을 수 없는 것이다.

다른 것 = 이상한 것 = 틀린 것?

'정상적인 상태와 다르다'는 뜻의 '이상하다'는 '지금까지의 경험이나 지식과는 달리 별나거나 색다르다'는 의미를 동시에 가지고 있다. 그래서 '이상하다'는 느낌은 대부분 부정적인 감정을 유발한다. 일상의 많은 순간 마주하는 '다름'은 단지 이것과 저것의 '차이'로 그치지 않고 그르거나 어긋난 '틀림'으로 느껴지는 것이다. 익숙하지 않은 색다름은 아주 쉽게 '정상이 아닌 것'으로 여겨지고 나도 모르게 눈살을 찌푸리게 된다. 태어나 처음 경험하는 규칙과 규율의 사회가 한없이 못마땅한 아이의 마음은 너무도 당연할 터. 입만 열면 다시 네 살이 되고 싶다고, 어린이집으로 가고 싶다고, 그때가 좋았다 넋두리를 늘어 놓는 아이를 보며 피식 웃는다. '어쩌니? 이제 겨우 시작인데?'

한 해 한 해 경험해야 할 '이상함'의 목록들은 끝도 없이 쌓여 있다. 그 산더미의 꼭대기엔 '남의 집'이 존재한다. 숱하게 느끼는 이상함 중에서도 절정의 이상함을 꼽으라면 나는 주저 없이 남의 집 문화, 정확하게는 내가 만나고 있는 사람의 가족 문화를 고를 것이다. 이 이상함의 강도는 다른 이상함과 비교할 수 없을 만큼 강력하기도 하거니와, 끌끌 혀를 한 번 차고 고개를 돌려 버리면 그만인 숱한 이상함과는 달리 시시때때로 예고도 없이 들이닥치기 때문이다. 내가 그 사람과 남남이 되지 않는 이상 평생 경험해야 하는 끈질김이 바로 너희 집의 이상함이 갖고 있는 특징이기 때문이다. 오죽하면 시가가 싫어 시금치도 먹지 않는다는 우스갯소리까지 나왔을까?

내가 경험한 이상함, 너희 집의 이상함

내가 처음 느낀 '너희 집의 이상함'은 연애 초기의 어느 날, 갑자기 비가 쏟아지던 때 찾아왔다. 우리는 비가 내리는지도 알 수 없는 지하 1층의 문구점에서 어슬렁거리며 데이트를 하고 있었다. 그런데 어디선가 걸려 온 전화를 받은 그가 말했다. 잠깐 집에 좀 다녀와야겠다고, 너는 여기서 잠시 좀 기다리라고.

"집에? 갑자기 왜?" 방금 집에서 나온 사람이 바로 또 집에는 왜 들어가나 의아해서 묻는 나에게 돌아온 답은 내 눈을 휘둥그레지게 만들었다. 그의 말인즉슨, 우산 없이 외출을 한 여동생에게 우산을 갖다 주어야 한다는 것이다. 동생이 지하철역에 곧 도착하니 지금 얼른 다녀와야 한다고, 조금이라도 늦으면 동생이 비를 맞게 된다고, 그러니 너는 여기서 기다리라고. 내가 뭐라 대꾸를 할

틈도 없이 후다닥 사라지는 그의 뒷모습을 바라보며 느낀 감정은 '이상함'이었다. 도대체 이해할 수가 없는 이상함, 기이하기까지 한 이상함. '아니 갑자기 비가 오면 좀 맞을 수도 있는 거지, 지하철 역에서 집까지 5분도 안 걸리는데? 바로 앞인데?'

　우리 집에서는 상상할 수 없는 배려와 친절이 그의 집에서는 너무도 당연한 일이었다. 엄마가 쓰레기를 버리러 갈 때 반드시 동행하는 게 아들의 의무고, 여동생의 아르바이트가 끝나는 시간엔 마중을 꼭 가는 게 오빠의 역할이라고 했다. 나는 때마다 눈을 흘기며 "이상하다, 이상해"를 연발했다. 언젠가 장염에 걸려 화장실에 널브러져 있는 나를 두고 '내가 없으면 여동생이 혼자 밥을 먹어야 한다'며 집으로 달려간 그를 보면서는 서러움이 대폭발해 엉엉 울기도 했다. 하지만 차차 깨닫게 되었다. 이상한 건 그의 집만이 아니었다. 그가 이해할 수 없는 우리 집의 이상함 또한 그의 집 못지않았다. 지극히 평범하고 일반적인 우리 집이 그에게는 또 이상한 너희 집이었던 것이다.

　고개를 돌려 주변을 바라보니 우리 집 아닌 모든 집이 이상했다. 우리 집과 같은 집은 그 어디에도 없었다. 모두가 이상한 너희 집투성이었다. 내가 당연하게 생각하는 우리 집의 '정상'은 다

른 집에 존재하지 않았다. 아주 많은 경우, 그건 우리만의 정상이었다. 아주 많은 이에게 그건 '이상함'이었다. 그의 집과 나의 집은 많은 것이 달랐고, 그래서 이상했다. 가족 구성원도, 식사 시간도, 주말을 보내는 방식도, 심지어 생일을 축하하는 방법도……. 그와 함께한 7년은 그 이상함이 얼마나 당연한 것인지를 배워 가는 시간이었다. 우리 집 아닌 너희 집을 비난 없이 바라보는 법, 너희 집 아닌 우리 집을 너의 눈으로 바라보는 법. 하루아침에 될 턱이 없는 그 노력을 쌓아 갈수록 우리는 더 많이 웃을 수 있었다. 그래서 나는 선택했다. 세상에서 제일 이상한 너희 집과의 영원한 합방! 가족과 가족의 결합이라는 결혼을 감행한 것이다.

짧지 않은 연애 기간 속에서 그와의 결혼을 상상한 순간은 꽤 많았다. 그중에서도 잊을 수 없는 순간은 그의 아버지와의 만남이었다. 나는 단 한 번, 우연히 길에서 마주친 찰나의 시간으로 아버님을 뵈었다. 채 5분도 되지 않는 만남이었지만 느낄 수 있었다. 나를 얼마나 존중해 주시는지, 나를 얼마나 소중하게 생각하시는지. 하대 없이 깍듯한 말이지만 따스함이 묻어났다. 별다른 말도 없이 간단한 인사지만 애정과 관심이 전해졌다. 발화되는 것보다 발화되지 않는 것, 눈에 보이는 것보다 보이지 않는 것이 얼마나 더 강렬할 수 있는지를 느낄 수 있게 해 준 그 짧은 만남은 그와의 결혼을 결심하는 결정적 순간이 되었다. 너희 집의 이상한 일이 벌어질 때마다 토끼 눈을 한 내게 그가 변명처럼 반복해 왔던 말, "우리 아버지가 그렇게 하시니까 그냥 하는 건데. 우리 아버지가 그렇게 하셔"에 담긴 의미, 그동안 내가 이해할 수 없었던 그 사랑의 방식이 무엇인지를 비로소 나도 가늠해 볼 수 있었기 때문이다.

되돌아온 너희 집의 이상함, 그 사랑의 실체

그날 느낀 그 사랑의 실체는 그를 통해 그려졌다. 간암으로 투병 중이셨던 아버님께서는 두 번째 만남을 허락하지 않은 채 세상을 떠나셨다. 나는 아버님과 밥 한 끼 함께하지 못한 채 아버님의 며느리가 되었다. 하지만 아버님의 사랑을 받을 수 있었다. 결혼 후 바로 찾아온 임신과 출산, 산후 우울증을 겪으며 짐승 같은 시간을 보내고 있는 나에게 단 한 번의 짜증과 비난 없이 온전한 포용을 보여 준 그를 통해서……

"어떻게 이렇게까지 받아 줘? 어떻게 이렇게까지 버티니? 지긋지긋하지도 않아? 숨이 막히지도 않아?" 한 사람이 다른 사람을 이렇게까지 끌어안을 수 있는 것인가 감격을 넘어 기이하기까지 하던 어느 날 저녁, 그는 내가 보낸 문자 메시지에 이렇게 대답했다. "아버지보다 더 잘하지는 못하더라도 아버지만큼은 아내를 사랑하는 남편이 되고 싶어. 난 아버지가 어머니한테 짜증 내는 모습을 본 적이 없거든. 아버지는 단 한 번도 엄마를 비난하지 않았어. 적어도 내 앞에서, 내가 본 모습은 그래. 아버지는 그런 남편이었어. 아버지가 엄마를 존중하고 배려한 만큼 나도 사랑하는 거, 아빠만큼 노력하는 남편이 되는 거, 그게 내 꿈이자 목표야. 난 당신을 그렇게 사랑하고 싶어."

"'차이'에 대한 이해 없이 타인에 대한 이해가 충분한 것이 될 수는 없으며, 그 사람에 대한 충분한 이해 없이 그의 경험을 자기 것으로 소화할 수는 없다고 생각됩니다."

– 신영복, 《감옥으로부터의 사색》 중에서

한 사람의 성격을 형성하는 데 미치는 요인은 너무도 많지만 가장 결정적이고도 커다란 영향은 역시 가족 문화, 그 문화를 형성하는 '부모'에 있을 것이다. 한평생 유일한 부모이자 당연한 기준으로 작동해 온 '나의 부모'는 많은 순간 '너의 부모'를 이해할 수 없는 존재로 만드는 정상이 된다. 자신이 생각하는 정상과 상대가 생각하는 정상의 '차이'가 크면 클수록 사람들은 갈등을 겪는다. 이해할 수 없는 너희 집의 이상함은 종종 헤어짐의 이유가 된다.

많은 경우 그 이유는 합당하고도 바람직한 선택의 근거가 되겠지만 동시에 잊지 말아야 한다. 존재할 수밖에 없는 문화의 차이는 너무도 쉽게 이상한 것이 되어 상대를 제대로 알아 갈 기회를 앗아 가기도 한다는 것. 때때로 그 차이는 놓치지 말아야 할 이유를 놓아 버려야 할 이유로 둔갑하기도 한다는 것. 그러니 우리는 우리 집 아닌 모든 너희 집에 이상함을 느끼는 일에 신중해야 한다. 오늘의 내가 눈을 흘기며 비난하는 이상함이, 내일의 나를 구원하는 이상함이 되어 돌아올 그날을, 오늘의 나는 결코 알 수 없기 때문이다.

22

여자의 중심,
휘둘리지 말고 휩쓸리지 말고

아침잠이 없는 아이는 학교를 가지 않는 주말에도 어김없이 7시가 되면 눈을 뜬다. 아침잠이 많은 아빠는 8시 반에 일어나 이미 식사를 마친 우리 모녀와 결합하는데, 설거지와 간단한 집안 정리까지 모두 마치면 오전 9시 남짓한 시간이 된다. 나는 여느 날처럼 "우리 오늘 어디 갈까? 근처 공원이라도 다녀올까? 나들이 갔다가 맛있는 거 먹고 들어오면 어때?" 하고 한껏 설레는 제안을 던져 보지만 돌아오는 답은 한결같다.

"싫어. 하루 종일 집에 있을 거야. 오늘은 집에서 쉬고 싶어. 아무 데도 안 나갈 거야."

조금의 여지도 없이 단호한 대답의 주인공은 남편이 아니다. 아이의 주장은 언제나 확실하고 선명하다. 평일 내내 학교에 가느라 힘들었는데 왜 주말까지 밖에 나가야 하냐고, 주말만큼은 집에서 종일 빈둥거릴 수 없냐고, 오늘까지 꼭 외출을 해야 하냐고 또 박또박 반문하는 아이 앞에서 우리는 말문이 막힌다. 그래서 결론은 언제나 '방콕'이다. 특별히 계획을 세워 떠나는 여행이 아닌 이상 집에서 뒹굴뒹굴, 한없이 한가로운 주말을 보내는 것이다.

"다른 집들은 주말마다 미술관이다 박물관이다 여기저기 체험학습을 엄청 다닌다는데, 우리만 너무 뒤처지는 거 아닐까? 우리가 너무 게으른가?" 모두의 성향이 같을 순 없다고, 모두의 즐거움이 하나일 순 없다고, 삶의 방식은 모두 제각각인 거라고 입버릇처럼 말을 하면서도 나는 흔들린다. 그래서 불안하다. 오늘의 이 여유가 나태와 태만의 포장일까 봐. 오늘의 이 배려가 방임과 방치의 자기 합리화일까 봐. 보이고 들리는 타인의 풍경 속에서 갈팡질팡 헤맬 때마다 나는 묻고, 그는 답한다. "우리가 언제 다른 집을 신경 썼니? 새삼스럽게 왜 그래."

우리의 역사, 무신경의 역사

새삼스러울 게 없는 우리 부부의 역사는 어디서부터 시작됐을까? 언제라고 콕 집어 말할 수는 없지만 우리 부부가 공감하는 시점은, 가장 예민한 시기이자 한없이 휘둘릴 수밖에 없는 시기, 휩쓸리지 않기가 너무도 어려운 시기였던, 우리가 결혼 준비를 앞둔 2011년이다. 무더운 어느 여름날 양가 상견례를 마친 우리는 예식장을 알아보는 것을 시작으로 본격적인 결혼 준비의 막을 열었다. 기본 중의 기본이라는 스드메(스튜디오, 드레스, 메이크업의 줄임말로 웨딩홀 예약만큼이나 당연하고 기본적인 결혼 준비의 요소로 꼽힌다)를 계약하기도 전에 느낄 수 있었다. 100만 원을 만 원처럼 쓰게 된다는 웨딩 업계의 늪에 대해서⋯⋯.

한 번 입고 나면 언제 또 입을지 알 수 없는 한복도 100만 원, 번쩍번쩍한 금빛 자수가 수놓인 예단 이불도 100만 원, 신혼 살림으로 제격이라는 그릇 세트도 100만 원. 뭐만 하면 기본이 100만 원에 상한선 따위는 찾아볼 수 없는 세상에 우리는 던져졌다. 불행인지 다행인지 우린 둘 다 가난했고 우리에겐 남들 하는 대로 '기본'만 할 예산조차 부재했다. 덕분에 유일하고도 간단한 생존 방법이 도출됐다. 남들이 뭐라든, 다른 집이 뭘 하든, '당신들은 당신들의 길을 가시오, 우리는 우리 길을 가겠소!'라고 외치며 우리만의 결혼 준비 공식을 찾기 시작한 것이다.

우리가 결혼 준비 제1법칙으로 세운 공식은 명료했다. "네 집은 네가, 내 집은 내가!" 결혼은 연애와 같을 수 없었다. 결혼은 당사자 둘만의 결합이 아니었다. 결혼을 준비하는 과정은 전혀 다른 두 가정의 첫 만남이자 충돌이었다. 그로 인한 충격을 최소화하기 위해선 각자의 역할이 중요했다. 확실하고도 전적인 책임이 필요했다. 우리는 우리가 합의를 통해 도출한 결론을 자신의 가정에 전하는 역할을 철저하게 도맡았다. 그 과정의 어려움은 공유하지 않았다. 내 부모의 불만은 나의 문제였다. 네 부모의 소망은 너의 문제였다. 설득이 어려운 부분은 함께 양보하고 보완했다. 모든 준비는 원만했다. 우리는 모두 편안했다.

우리의 재산, 우리만의 문화

우리의 결혼 준비 과정은 우리가 가진 재산의 가치를 깨닫게 해 주는 시간이었다. 우리는 아무 노력도 없이 너무 많은 걸 가진 행운아였다. 우리는 자식의 결정을 존중하고 인정해 주는 부모의 자식이었다. 우리의 원만한 결합은 상대의 입장을 먼저 배려하며 헤아리는 양가 어르신들의 결과물일 뿐이었다. 우리는 그 한없는 사랑에 감사하며 마음을 전하자 입을 모았다. 나는 오래된 그의 집 냉장고를 대신해 줄 양문형 냉장고와 손수 쓴 편지로, 그는 우리 엄마의 오랜 로망이었던 포트메리온 그릇 세트와 타이핑한 편지로. 양가 어머니들께 전한 선물과 그 선물을 받고 눈물 지은 어머니들의 얼굴은 그 시간을 상징하는 보석이 되었다. 그 어떤 명품보다 빛나는 가치로 그 어떤 명품도 없는 우리의 시작을 축복해 준 것이다.

> "나는 남이 내 생활 양식을 그대로 따르기를 바라지는 않는다. 이 세상에 될 수 있는 한 많은 제각기 다른 인간들이 존재해 주기를 바라기 때문이다. 나는 각자가 자기 자신의 고유한 길을 조심스럽게 찾아내어 그 길을 갈 것이지, 결코 자기의 아버지나 어머니 또는 이웃의 길을 가지는 말라고 당부하고 싶다."
>
> – 헨리 데이비드 소로, 《월든》 중에서

아버지의 길도, 어머니의 길도, 이웃의 길은 더더욱 아닌 우리만의 길은 결혼 후에도 이어진다. 우리는 그 길 위에서 선택한다. 전화보다 문자 메시지가 익숙한 우리는 안부 전화를 원하는 부모님의 기대에도 여전히 유효한 우리의 제1법칙 "네 집은 네가, 내 집은 내가!"를 적용한다. 그건 곧 우리의 문화가 된다. 그 무엇보다 우리의 선택이 중요하다. 우리는 답습하고 싶지 않은 서로의 가족 문화에서 기꺼이 발을 뺀다. 그럴 수 없는 문화는 공존할 수 있는 타협점을 찾는다. 협의 없는 강제는 없다. 제사를 나 몰라라 할 수는 없지만 나 혼자서 준비하기는 거부할 수 있는 나는 어떻게든 일을 빼고 같이 음식을 하는 그의 곁에서 웃을 수 있다.

　　나 아닌 타인의 방식은 일상의 많은 순간 나의 불편을 야기한다. 그렇게 쌓인 불편은 인생의 불행을 불러온다. 거창할 것 없는 행복은 일상의 소소함으로 존재하고, 그 소소함은 나 자신의 고유한 길에서 빈번할 터! 그러니 이번 주말도 나들이는 포기하고 묵묵히 아이의 손을 들어 주어야 할 것이다. 내가 응원하고 싶은 길은 나의 길도, 세상의 길도 아닌 너의 길, 우리 아이만의 길이므로. 여느 집과 다른 풍경일지라도, 흔한 가정의 주말이 아닐지라도, 내 주변의 문화에 휩쓸리는 대신 곧게 서서 나의 길을 걸어가는 내일의 한 걸음을 위해 오늘도 무신경의 역사를 만들어 간다. 이제 와 새삼스러울 게 없는 우리만의 길을.

23

여자의 임신,
중요한 건 나의 선택

놀이터에서 다른 아이와 의례적인 인사만 주고받아도 "엄마는 재만 좋아하는구나? 나는 싫구나?" 하며 질투심이 폭발하는 아이는 줄곧 동생을 원하지 않는다는 의사를 분명히 했다. 나는 늘 반색하며 동의했다. 엄마도 아이는 하윤이 하나면 된다고, 동생은 낳고 싶지 않다고, 그냥 지금처럼 이렇게 셋이 함께 살자고, 우리는 매번 손가락을 걸며 약속했다. 그 약속은 여전히 유효하다. 단출하지만 완전한 트라이앵글, 삼인삼색의 삼각 구도로 나는 이미 충만한 만족감을 느끼는 것이다.

외동은 엄마 탓, 내가 이기적이라고요?

"그러면 못써요, 애를 생각해야지. 하나가 얼마나 외로운데. 내 몸 편하자고 애를 불쌍하게 만들어? 국가적인 차원에서도 최소 둘은 낳아야 손해가 안 나지. 둘이 결혼해서 하나만 낳으면 마이너스잖아요? 마이너스!" 아이는 동생을 원하지 않고, 나는 더 이상의 임신과 출산을 원하지 않고, 남편 또한 자식을 더 갖고 싶다는 생각이 전혀 없음에도 우리 부부가 둘째를 낳지 않는 이유는 오로지 단 하나, '엄마의 이기심'으로 정리되곤 한다. 요즘 엄마들은 자식의 앞날보다 자신의 편의만 앞세우며 마땅히 해야 할 국가적 책임과 의무를 다하지 않는다는 얘기다. 그래서 우리 아이의 미래는 불쌍해지고, 우리나라의 앞날은 위태로워지며 그 모든 게 나의 책임이라니……. 그 당당하고도 자연스러운 논리 앞에서 나는 늘 할 말을 잃는다. 무슨 말을 어떻게 해야 할지 알 수가 없어 멋쩍게 웃는다. 나는 언제까지 이런 말을 들어야 하는지, 이런 말에서 벗어나는 날이 과연 오기는 하는 건지 따위를 떠올리면서 "그런가요? 그럴 수도 있는가 봐요" 같은 애매한 소리만 반복해 대는 것이다.

"사람들은 세상에는 답이 여러 개일 수 있는 열린 질문이 있다는 말을 많이 한다. 그런데 세상에는 닫힌 질문도 있다. 정답이 하나뿐인 질문, 최소한 질문자의 입장에서는 하나뿐인 질문이다. 우리를 무리

속으로 몰아넣고 우리가 무리로부터 벗어날라치면 물어뜯는 질문,

질문 속에 이미 답이 포함되어 있으며 실은 우리를 강제하고 처벌하

는 것이 목적인 질문이다."

– 리베카 솔닛, 《여자들은 자꾸 같은 질문을 받는다》 중에서

아이를 데리고 다니다 보면 대놓고 하는 비난이 아니더라도 둘째에 대한 질문을 자주 받는다. 그 질문은 내 생각을 알기 위한 물음이 아니다. "둘째는 안 낳아요?", "하나는 너무 외롭지 않을까요?", "더 늦기 전에 하나 더 낳는 게 좋지 않나요?"는 실상 '둘째를 낳으세요', '하나는 외로워요', '터울이 너무 지지 않는 게 좋아요'와 다르지 않다. 질문의 탈을 썼지만 명백한 강요며 설득이다. 나이가 차면 결혼을 해야 하고, 결혼을 하면 아이를 낳아야 하고, 아이는 최소 둘, 성별은 아들딸로 균형 있게, 그 아이들은 엄마가 돌보는 게 당연하다는 우리 사회의 유일한 '정답'에 기반한 말이자 그 표준을 강제하는 말이다. 우리의 주체성과 개별성을 묵살하는 말, 누군가에겐 더없이 아픈 상처의 말, 폭력의 말. 우리 곁에 존재하는 수많은 선택을 '이상한 것'으로 만드는 많은 말은 아무렇지 않게 우리 주변을 맴돈다. 세상이 정해 놓은 '정상치'는 우리가 충족시켜야 할 유일한 기준으로 작동하며 마구잡이로 방망이를 휘두르는 것이다.

"엄마, 나는 커서 애기 안 낳으면 안 돼? 나도 엄마처럼 꼭 엄마가 돼야 해?" 아이는 서너 살 꼬맹이 시절부터 줄기차게 묻고 또 묻는다. 나는 그 질문이 엄마 배 위에 선명히 새겨진 흉터가 주는 공포 때문이라는 걸 알면서도 진지하게 답하고 또 설명한다. 어른이 되었다고 해서 꼭 엄마가 되어야 하는 건 아니라고, 아이는 네가 원할 때 낳는 거라고, 네가 선택할 수 있는 거라고. 그럼 아이는 내 눈을 쳐다보며 간담이 서늘해지는 질문을 아무렇지 않게 던져 댄다. "그럼 엄마는 엄마가 되고 싶어서 나를 낳았어? 아기가 낳고 싶었어?"

아이의 눈을 쳐다보며 우물쭈물 망설이던 나는 결국 솔직하게 털어놓는다. "아니, 사실은 피임을 제대로 안 해서 네가 생겨 버렸어. 피임을 제대로 안 하면 본인의 선택과 상관없이 그냥 아기가 생기거든."

우리 부부가 아직도 혀를 내두르는 그날은 신혼여행을 다녀온 지 딱 한 달이 되던 날, 한가롭기 짝이 없던 일요일이었다. 우리는 3월 마지막 주의 휴일을 뒹굴뒹굴, 침대 위에서 보내고 있었다. 그날은 나의 생리 예정일이었다. 집 안의 공기는 달큰했다. 우리는 그 공기에 취해 늘어졌고 스르르 긴장이 풀려 버렸다. 우리는 연애

기간 내내 완벽하게 지켜 왔던 피임의 원칙, 첫째, 반드시 콘돔을 사용한다. 둘째, 가임기에는 관계를 갖지 않는다(콘돔의 피임 성공률도 100%는 아니므로) 중 1번을 깨트리고 말았다. 그건 유일한 날이었다. 오늘은 생리 예정일이니 임신 가능성이 거의 없는 날이라는 안도가 불러 온 처음이자 마지막의 일탈이었던 것이다. 하지만 그날의 방심은 곧 엄청난 결과를 불러왔다. 풍진 예방접종을 하기 위해 방문한 산부인과 진료실 책상 위에 쪼로록 나란히 줄 맞춰 올려진 세 개의 임신 테스터기를 데려온 것이다.

"흐릿하긴 하지만 두 줄이에요. 임신 가능성이 있어요. 아주 초기인 것 같아요. 테스터기만으로는 확실한 판단이 어려우니 피 검사를 하고 가세요. 수치가 나오면 연락드릴게요. 오늘 예방접종은 하실 수 없고요." 피 검사를 하고, 임신을 확정짓기엔 애매하다는 수치를 받아 들고, 질초음파를 통해 아기집을 확인하는 데까지 걸린 3주의 시간은 이후 벌어질 '멘탈 붕괴'의 서막일 뿐이었다. 입덧과 함께 시작된 '진짜' 멘붕은 갑작스러운 조산과 제왕절개로 이어졌고, 산후 우울증과 독박 육아를 거치며 절정을 찍었다. 당시 우리의 일상은 전쟁터와 다르지 않았다. 임신 전과는 모든 게 달랐다. 나른한 봄날 찾아온 우주선에 덥석 올라탄 우리는 생전 처음 보는 별에 떨어졌고, 새로운 삶을 살기 시작한 것이다.

임신이란 우주선, 결코 돌아올 수 없는 강

'임신'이란 우주선은 왕복 티켓을 허용하지 않는다. 오로지 편도로만 작동한다. 임신이 되는 순간, 인생은 달라진다. 아이를 낳든 낳지 않든, 그 아이를 직접 기르든 기르지 않든. 발을 올려 타는 순간 결코 이전의 삶으로 돌아갈 수 없는 '임신'의 주체는 그래서 언제나 '나'여야 한다. 아이를 품고 낳을 '나'의 생각과 판단, 임신과 출산을 도맡을 수밖에 없는 여자의 선택이 중요하다. 그래서 나는 말하고 싶다. 네가 진정 원하는 삶의 방식을 찾아가라고, 그 계획에 출산이 없다면 철저하게 피임을 하라고. 그 언젠가 너의 눈을 쳐다보며 "엄마는 엄마가 되고 싶어서 나를 낳았어? 아이가 낳고 싶었어?"라고 묻는 너의 아이를 갖게 된다면 더없이 당당하고 자신 있게 "그러엄! 물론이지!" 하고 답할 수 있는 네가 되라고 말이다.

사랑하는 두 사람의 결합이 '결혼'이 아닐 수도 있는 것처럼, 결혼한 부부의 선택이 '출산'으로 이어지지 않을 수도 있다. 출산을 하지 않고도 입양 등을 통해 부모가 될 수 있다. 둘 아닌 한 부모 가정, 혈연과 무관한 공동체 가정, 남녀가 아닌 동성 가정 등등 가족을 이루는 삶의 모습은 다양하다. 그 모두가 특별하게 존재한다. 우리는 단 하나의 정답을 규정하고 '정상'과 '비정상'을 나누는 세상의 닫힌 질문에 맞서 열린 질문을 던져야 할 것이다. 그래서 오늘도 나에게 묻는다.

"내가 지금 가장 하고 싶은 일이 뭘까? 내가 세상에 남기고 싶은 유산은 무엇이지? 내가 할 수 있는 가장 의미 있는 일은?"

그 어떤 답에도 둘째는 없고, 그러므로 나는 피임을 철저히 해야 한다. "피임? 그게 뭔데? 엄마가 그걸 안 해서 내가 생겼다고? 그럼 피임은 어떻게 하는 거야?" 눈을 동그랗게 뜨고 나에게 질문을 퍼붓는 이 아이에게 확실한 모범을 보이기 위해서, 조금 더 자란 아이에게 전해 줄 노하우를 위해서 나는 경계를 늦추지 말자 다시 굳게 다짐해 본다. 구태여 애쓰지 않아도 신혼 초의 달큼한 공기가 다시 찾아올 일은 없을 테지만…….

24

여자의 직업,
없어도 그만 버려도 그만?

결혼과 임신, 출산을 한 해에 모두 겪으며 경력 단절의 시간을 보냈던 나는 2018년 첫 번째 책을 출간하며 새로운 일을 시작했다. 나에겐 복직이자 개업인 셈이었다.

6년간의 기약 없는 육아 휴직기를 갖기 전에도 나는 글을 쓰는 일을 가르치는 사람이었다. 글을 쓰는 일이 내게 온전히 새로운 일이라고 말하기는 어려웠다. 하지만 그 경력이 무색하게도 나는 이제 막 걸음을 뗀 초보였다. 글을 쓰는 사람으로서는 부족하기 짝이 없는 신입이었던 것이다.

"책 한 권만 쓰면 하루아침에 인생 역전이 찾아올 것처럼 말하는 사람들이 많지만, 결코 그렇지 않아요. 일상은 변함없이 흘러가고 내 인생은 그렇게 쉽게 달라지지 않는답니다." 북토크나 작가와의 만남에 초대될 때마다 나는 붐처럼 일고 있는 책 쓰기 문화에 찬물을 끼얹어 대는 소리를 하곤 했다. 그 말은 사실이었다. 프리랜서 작가에게는 출근을 해야 하는 회사가 없다. 퇴근 시간도, 정해진 월급도 없다. 처리해야 할 업무도, 짜여진 일정도, 그 어떤 소속도 없이 자유로운 나는 일이 있는 듯 없는 것 같은, 일이 없는 듯 있는 것 같은 이상한 사업자가 되었다.

첫 번째 책의 출간 후, 내가 얻은 것

책이 나오기 전이나 후나 나의 첫 번째 정체성은 한 아이의 엄마였다. 나의 일상은 여전히 아이를 중심으로 돌아갔다. 엄마의 자리와 역할은 조금도 줄지 않았다. 하지만 생각지도 못했던 변화 역시 아이에게서 찾아왔다. 이제 겨우 일곱 살의 유치원생, 엄마가 무얼 하고 다니는지 알 수 없는 나이이자 무얼 하는 사람인지 관심조차 없을 거라 생각한 아이의 입에서 상상조차 하지 못한 말이 튀어나온 것이다. "엄마! 선생님한테 우리 엄마 작가라고 얘기해도 돼? 2호차 선생님한테는 벌써 얘기했는데. 말해도 되지? 말해도 괜찮지?"

"뭐? 2호차 선생님한테 벌써 얘기했다고? 선생님이 뭐라셔? 아니, 너 작가가 뭔지는 알아? 엄마가 작가라고 누가 그랬어? 아니 선생님한테 그건 왜 말했어? 사자반 선생님한테도 말을 한다고?" 내 이름 석 자가 박힌 책이 나왔다 한들 나를 '작가'로 칭할 엄두가 조금도 생기지 않았던 나는 아이 입에서 나온 '작가'라는 두 글자에 경기를 하며 횡설수설, 질문인지 경악인지 모를 말들을 쏟아냈다. 하지만 그런 나와는 반대로 아이는 더없이 침착한 얼굴을 하고 말했다. "작가는 글 쓰는 사람이잖아. 엄마처럼 글 쓰는 사람. 저번에 아빠가 말해 줬는데? 엄마는 글 쓰는 사람이라고. 아니야?"

왜 그렇게 당연한 걸 묻는지 모르겠다는 표정으로 뱉은 아이의 말이 심장에 박혔다. 내 가슴을 뒤흔들었다. 아무것도 아니라면 아무것도 아닐 수 있는 아이의 한마디, 아이의 '인정'은 내가 얻을 수 있는 최고의 찬사이자 첫 책을 통해 얻고 싶었던 모든 것이 되었다. 그 말 한마디로 나는 바랄 것이 없었다. 그걸로 되었다. 내가 지금까지 써 왔던 모든 글이 그 말 한마디를 듣기 위함이었다는 착각까지 몰려왔다. 그래서 더 쓰고 싶어졌다. 써야만 했다. 첫 번째 책의 출간은 일이라는 인정이 주는 감격이 얼마나 클 수 있는지, 소속과 소득의 여부와 상관없이 그동안 내가 일이라는 인정에 얼마나 목마름을 느껴 왔는지를 절실히 깨닫게 해 주었다.

일을 되찾고 싶었던 이유, 돈을 벌고 싶었던 이유

하루 24시간 주 7일, 퇴근도 휴가도 없이 일을 하지만 그 누구도 인정해 주지 않는 일을 반복하며 느꼈던 상실감을 뭐라고 표현할 수 있을까. 어떻게 정리할 수 있을까. 휴직은 오롯이 나의 선택이었고, 오랜 시간 나의 바람이기도 했다. 우리 부부는 평생을 외벌이와 전업주부로 살아오신 부모님의 자식이었다. 그런 가족 문화가 자연스러웠다. 남편은 '남자라면 응당 처자식을 먹여 살려야 한다'는 투철한 사명감을 불태우며 일을 했다. 외벌이의 부담을 단 한 번도 내게 토로한 적이 없었다. 나는 그의 성실한 노동에 감사하면서도 자주 고민했다. 깊이 좌절했다. 사무치게 일을 하고 싶었다. 간절하게 돈을 벌고 싶었다. 경제력 없이 그에게 종속된 내가 비참하고 서글퍼지는 순간은 너무도 빈번하게 찾아왔다.

> "돈이 없다는 것은 독립성의 상실을 뜻한다. 그리고 무능과 의존을 뜻한다."
>
> ― 페터 비에리, 《삶의 격》 중에서

대학 졸업 후 들어간 첫 번째 직장에서 채 1년을 채우기도 전에 결혼을 한 남편은 그 이듬해 퇴사했다. 몇 달간의 구직 준비 끝에 두 번째 직장을 구해 들어갔지만 우리는 또다시 퇴사를 선택했

다. 두 번의 퇴사 끝에 우리는 자영업의 세계로 발을 들였다. 그곳은 직장과는 또 다른 세계였다. 창업을 앞둔 그는 밤잠을 이루지 못했다. 그런 그의 옆에 누운 나는 아무 힘이 없었다. 하루 17시간씩 근무를 하며 매출을 올리기 위해 안간힘을 쓰는 그를 볼 때마다 나의 무능함이 원망스러웠다. 그렇게 일궈 놓은 매장을 포기하고 다시 밑바닥에서부터 시작할 수밖에 없는 상황이 찾아왔을 때도 허탈해하는 그의 앞에서 나는 할 수 있는 일이 없었다. 나는 많은 순간 그의 양팔에 매달려 있는 돌덩이에 불과했다. 그 무기력한 의존감은 수치심을 몰고 왔다. 나의 무능을 자학하게 만들었다. '능력 있는 여자가 되고 싶어. 돈을 버는 여자가 되고 싶어. 돈을 벌고 싶어. 경제력을 갖고 싶어!'

돈이 필요한 이유, 경제력이 되찾아 준 내 삶의 존엄

내가 그토록 갈망하던 돈과 경제력은 두 번째 책을 출간하면서부터 조금씩 얻을 수 있었다. 아이를 낳기 전에 벌던 돈과 비교하면 턱없이 작은 금액일지라도 이 돈이 주는 의미는 결코 작지 않았다. 내가 버는 돈은 내가 하는 일이 단지 '위대한 일'이라는 입에 발린 칭찬 아닌 진정한 인정을 불러온다. 나는 그 인정의 효과를 통해 내 삶의 존엄을 되찾는다. 나는 이제 뚝 떨어진 매출로 근심하는 그에게 "괜찮아, 이번 달은 내가 번 돈으로 생활할 수 있잖아"라고 말할 수 있다. 그런 말을 할 수 있는 나는 더 이상 그의 팔에 매달린 돌덩이가 아니다. 그에게 먹여 살려야 할 누군가는 없다. 나는 그에게 종속된 존재가 아닌 독립된 개체로 내 삶의 주도권을 갖고 싶었고 미약하게나마 그 바람을 실현했다. 그건 아주 중요한 일이다. 이미 여러 번 경험했듯 전 세계적 경제 위기 상황에서 '생계부양자로서의 남성'이라는 개념은 사라진 지 오래고, 우리의 삶은 한 치 앞을 예측할 수 없기 때문이다.

나는 종종 그가 없는 우리의 일상과 나의 대책을 상상해 본다. 그가 평생 내 곁에서 나와 함께할 거라는 당연한 장담만큼 무모한 착각도 없음을 안다. 갑작스러운 사고와 질병은 차치하더라도 동갑내기인 우리 부부의 기대 수명은 다를 수밖에 없다. 100세 시대라는 요즘 단 한 명의 배우자와 평생을 해로한다는 것이 어디 쉬운 일일까? 어느 날 갑자기 다른 사람과 사랑에 빠졌다며 배우자에게 이혼을 요구하는 황당무계한 일이 언제나 남의 집 가십으로만 존재하란 법은 없으니 말이다.

영원할 것만 같은 결혼에도 끝은 있다. 이별은 있다. 자유의지로 인한 이별이든 선택할 수 없는 자연적 이별이든 우리는 언젠가 다시 혼자가 되어야 한다. 이때 우리는 스스로를 지키는 힘을 가져야 하는데 많은 경우 결혼과 출산을 거치며 잃어버린 경제력은 나의 존엄을 지킬 수 없는 결정적 요인이 된다. 배우자의 외도나 폭력, 감당할 수 없는 문화의 강요나 고부 갈등 등 헤어져야 하는 수백 가지 이유를 가로막는 단 하나의 이유로 작동하는 것이 아주 슬프게도 경제적 무능에 있기 때문이다.

초등학교에 입학하면 유치원에 다닐 때보다 집에 빨리 돌아오니 일할 시간을 어떻게 확보해야 할지 모르겠다며 고민하는 나에게 아이가 쪼르르 달려와 말했다. "엄마! 일을 포기해. 그만하면 되잖아?" 그 가볍고도 해맑은 말에 무겁고도 진지한 얼굴로 정색을 하며 강조한 말은 아이가 반드시 기억해 주었으면 하는 말이자 내가 절대 잊지 않고 싶은 말, 오늘도 간절하게 부여잡고 실천하는 말이다. 사람은 누구나 자신의 일을 해야 한다고, 그 일은 쉽게 포기할 수 있는 게 아니라고. 다 자란 성인은 자기 삶을 스스로 책임질 수 있어야 한다고, 그러기 위해선 반드시 일이 필요하다고.

아이가 자라 그 말의 의미를 알게 되었을 때는 더 이상 불필요한 말이 되기를 소망하며 오늘도 글을 쓴다. 강의를 한다. 돈을 벌수 있는 일거리를 찾는다. 수입을 올린다. 그렇게 내가 번 돈은 나를 독립할 수 있게 한다. 나의 존엄을 지켜준다. 여성 과학자 호프

자런이 아이를 낳고 읊조렸다는 한마디, "나는 너의 어머니가 아니라 아버지가 될게" 같은 비장한 다짐까진 아니더라도 이 세상 모든 어머니가 당연하게 누릴 수 있는 권리가 되기를 바란다. 더 나아가 그게 자연스러운 일상이 되기를…….

아버지 아닌 어머니라는 사실이 내가 해 오던 일을 그만두어야 하는 이유이자 피할 수 없는 선택, 나의 주체성과 독립성을 상실하는 결정적 계기가 되지 않는 그날을 꿈꾸며 오늘도 쓴다. 여자의 경제 활동은 그 액수와 상관없이 결코 보조적일 수 없다. 없어도 그만일 수 없다. 우리가 맞서야 할 것은 너무도 당당하게 요구되는 일방적인 희생이며 여전히 심각한 남녀 간의 임금 격차, 끊임없이 우리의 존엄을 앗아가는 세상의 횡포다.

25
—

여자의 운동,
삶의 활력과 지속력을 위하여

"엄마 또 먼저 나갔어? 내 옆에서 같이 자지!" 엄마 탐지 레이더를 장착하고 있는 게 틀림없는 아이는 오늘도 귀신같이 거실로 달려 나와 원망의 말을 쏟아낸다. 비몽사몽 잠이 덜 깬 날은 중얼중얼 알아들을 수 없는 말을 반복하다 다시 들어가 잠이 들기도 하지만, 어깃장을 놓고 싶은 날은 내가 펼쳐 놓은 요가 매트 위에 벌러덩 누워 '해 볼 테면 해 보라'는 식의 눈빛을 발사하며 나의 시간을 방해하기도 한다. 나는 이러나 저러나 한결같이 노트북에 시선을 고정한 채 동작에 집중할 뿐이다. 아이의 투정과 방해 공작에도 나는 이러쿵저러쿵 대꾸하지 않는다. 나에게 허락된 유일하고도 최적인 시간, 새벽 운동을 포기하고 싶지 않기 때문이다.

매일 새벽 5시, 눈을 뜨면 바로 일어나 운동복을 입고 요가 매트 위에 눕는다. 10분 동안 짧은 스트레칭으로 밤새 굳은 몸을 깨운 뒤 30분 남짓의 운동 영상을 보며 홈 트레이닝을 한다. 길지 않은 시간이지만 서킷 트레이닝으로 진행되는 운동 프로그램의 강도는 결코 만만치 않다. 스쿼트와 푸시업, 런지, 플랭크를 기반으로 한 동작들을 따라하다 보면 어느새 땀이 빗방울처럼 떨어진다. 줄줄 흐르는 땀을 닦으며 화장실에 들어가 샤워기에서 뿜어내는 물을 맞이할 때의 환희. 내가 어찌 이 순간을 사랑하지 않을 수 있겠는가!

샤워기 아래 선 나는 하루 중 가장 싱그럽게 반짝인다. 내 머릿속의 뉴런은 쏟아지는 물줄기와 만나 폭발한다. 나는 그 어느 때보다도 생산적인 인간이 되어 내가 쓸 글과 내가 할 강의, 내가 만들고 싶은 모임에 대한 아이디어를 구체화시킨다. 내가 구상하는 모든 기획의 시작은 나만의 새벽에 있다. 그래서 이 새벽을 포기할 수 없다. 매일 반복하는 몸의 움직임을 통해 정신의 발달과 희열을 얻는 것이다.

"'만전을 기하며 살아간다'는 것은 다시 말해 영혼을 담는 '틀'인 육체를 어느 정도 확립하고 그것을 한 걸음 한 걸음 꾸준히 밀고 나가는 것이라는 게 나의 기본적인 생각입니다. 살아간다는 것은 (많은 경우) 지겨울 만큼 질질 끄는 장기전입니다. 게으름 피우지 않고 육체를 잘 유지해 나가는 노력 없이, 의지만을 혹은 영혼만을 전향적으로 강고하게 유지한다는 것은 내가 보기에는 현실적으로 거의 불가능합니다."

– 무라카미 하루키,《직업으로서의 소설가》중에서

내게 운동이란 오랜 시간 '살을 빼기 위한 노동'이자 '날씬을 위한 발버둥'으로 존재했다. 하지만 출산과 육아라는 녀석은 내게 살을 빼기 위한 최소한의 여유조차 허락하지 않았다. 육아는 체력전인 동시에 시간전이었다. 눈을 씻고 찾을래야 찾을 수가 없는 나만의 휴식 시간에 운동이 들어갈 틈은 없었다. 아이가 고요히 자는 새벽 2시든 깜빡 잠이 든 오후 2시든, 어쩌다 찾아오는 내 시간은 모두 글쓰기와 책 읽기로 채워졌다. 그것만으로도 벅차고 모자랐다. 시간은 언제나 부족했다. 운동은 내게 1순위가 될 수 없었다.

그날의 사건, 한밤중의 피투성이 대소동

등 뒤에서 째깍째깍 쉴 새 없이 들려오는 초침 소리에 안절부절, 나는 늘 초조했다. 잘게 쪼개고 또 쪼갠 시간 속에서 종종거렸다. 한껏 무리를 했다. 그렇게 쌓이고 쌓인 피로가 극에 달한 어느 날 새벽, 나는 한밤중의 피투성이 소동을 일으켰다. 그 하루는 무라카미 하루키가 말하는 '만전을 기하며 살아간다'는 것의 의미를 깨닫게 했다. 영혼을 담는 틀이라는 육체의 중요성을 잊을 수 없을 만큼 강렬하게 경험한 것이다.

입술에 남은 흉터 덕분에 언제든 떠올릴 수 있는 그날은 연애 10주년 기념 여행을 다녀온 다음 날 벌어졌다. 나는 자도 자도 또 잠이 오는 지독한 춘곤증에 시달리는 중이었다. 그날도 9시부터 잠이 들었다. 정신없이 꿈을 꾸다 번쩍 눈을 뜬 순간, 나는 참을 수 없는 갈증을 느꼈다. 물을 마셔야겠다 싶어 몸을 일으킨 뒤 주방을 향해 걸었다. 식탁 앞에 서서 물을 한 모금 마시자 속이 울렁거리기 시작했다. 금방이라도 구토를 할 것 같은 메슥거림에 화장실로 발걸음을 옮기던 나는 의식을 잃고 말았다. 말그대로 블랙아웃, 기억이 끊겨 버린 것이다.

얼마큼의 시간이 흘렀는지 알 수 없는 어느 순간 나는 차차 의식을 되찾았다. 머리뼈 하나하나가 부서지는 것 같은 통증이 몰려와 한참을 신음했다. 이러지도 저러지도 못한 채 머리를 부여 잡고 끙끙대자 천천히 시야가 밝아졌다. 나는 거실 한구석에 쓰러져 있었다. '뭐지? 여기서 잠이 들었던 건가? 이건 뭐야. 내가 침을 흘렸나?' 입과 손에 축축하게 번져 있는 물기를 느끼며 일으켜지지 않는 몸과 한참 씨름을 한 뒤에야 화장실 거울 앞에 설 수 있었다. 그리고 거울 속의 내 모습을 확인한 나는 경악을 금치 못했다.

얼굴 여기저기가 엉망이었다. 피가 입 주위로 줄줄 흐르고 있었다. 가만 살펴보니 입술의 안과 밖이 찢어진 모양이었다. 새빨간 핏자국은 내가 입고 있는 옷은 물론 내가 누워 있던 거실에까지 선명한 흔적을 남겼다. 나는 황급히 남편을 불렀다. 비몽사몽 내 목소리를 듣고 거실로 나온 남편은 혼비백산했다. 놀란 그가 거실 바닥을 닦고 치우는 동안 나는 화장실로 달려가 변기를 부여잡았다. 날이 밝자마자 찾아간 병원에서 우리는 안도의 한숨을 내쉴 수 있었다. 호러 영화가 따로 없었던 한밤중의 대소동은 빈혈과 저혈압에 체기가 겹쳐 생긴 천만다행의 에피소드. 충분히 휴식을 취하고 철분제를 섭취하면 되는 별일 아닌 별일이었던 것이다.

운동의 시작, 나를 위한 시간

그날의 혼절 사건은 부러진 곳 하나 없이 운 좋게 지나갔지만 나는 그 운의 무게에 치를 떨며 심각한 고민에 빠질 수밖에 없었다. 나는 고작 다섯 살짜리 아이를 키우는 엄마였다. 그 아이에게 나는 유일했다. 내 몸은 결코 나 하나의 소유로 존재하지 않았다. 내 몸의 가치는 너무도 거대했다. 나에게 내 몸은 더 이상 무게와 부피의 영역, 숫자와 사이즈의 세계로 존재할 수 없었다. 그건 본질이 아니었다. 그게 전부일 수 없었다. 그 당연하고도 중요한 사실을 그제야 깨달은 나는 운동을 시작했다. 그 어떤 일보다 우선하여 제일 먼저. 일어나면 밥을 먹고 양치를 하는 것처럼 생각 없이 반복하는 하루의 일과로 매일매일. 내 몸을 움직여 몸 속의 근육과 대화하는 나만의 시간을 나의 일상 맨 앞에 두게 된 것이다.

2016년의 초여름부터 2019년의 한여름까지 내가 거쳐 온 운동은 다양하다. 여성 전용 피트니스 센터와 흔한 동네 헬스장을 시작으로 날이 좋은 날에는 밖에 나가 힘껏 뛰었다. 요가와 발레, 필라테스 학원을 찾기도 했다. 요즘은 우리 집 거실에서 홈 트레이닝을 한다. 그때그때 하고 싶은 운동을 그때그때 가능한 시간을 찾아 반복하는 1년 또 1년의 시간들……. 내가 만 4년 동안 꾸준히 운동을 지속할 수 있었던 이유는 운동이 주는 쾌감에 있다. 나는 그 오르가슴을 위해 몸을 움직였다. 내 몸과의 연결을 위해 운동을 했다.

턱 끝까지 숨이 차오를 때 나는 내 안에서 살아 숨쉬는 심장의 소리를 들을 수 있다. 그 소리는 내 몸을 연주하는 리듬이 된다. 거친 숨소리와 함께 전해지는 근육의 느낌은 거기 존재하는지도 몰랐던 내 신체의 일부를 일깨운다. 그렇게 나는 더 당당한 주인이 된다. 운동으로 흘린 땀이 쌓일수록 내 몸은 더욱더 나와 친밀해진다. 더 많은 부위의 몸이 더 넓게, 더 자유롭게 움직인다. 나는 이 몸이 내 것이라는 것을, 나라는 존재가 이 몸의 우두머리라는 사실을 새삼 실감한다. 몸무게의 변화와 상관없이 점차 가벼워지는 몸이 일상의 활력을 불러온다. 체중 감량을 목표로 하지 않는 운동을 통해서 비로소 난 내 몸의 기능과 역할에 집중할 기회를 얻은 것이다.

여자의 운동, 체력과 충전을 위하여

아이러니한 것은 그럼에도 불구하고 나는 여전히 '날씬'과 'S라인'을 위한 운동에서 자유롭지 못하다는 것이다. 여자들을 위한 운동은 약속이나 한 듯 모두가 입을 모아 군살 타파를 부르짖는다. 내가 따라 해야 할 동작의 대부분은 '울퉁불퉁 보기 흉한 지방 덩어리'를 덜어내기 위한 움직임으로 설명된다. 그 동작을 선보이는 강사의 매끈한 몸매만이 이 운동을 통해 얻을 수 있는 전부인 양 전시된다. 나는 그 한결같고도 집요한 공격에서 벗어날 틈을 찾을 수가 없어 종종 좌절하고 자주 갈망한다. 내가 운동을 하는 이유는 결코 내 몸의 외양에 있지 않다고 부르짖으면서도 내 눈앞에 보이는 저 우월하고도 아름다운 몸매를 나도 몰래 탐하게 되는 것이다. 그 완벽한 몸매와 나의 몸매를 끊임없이 저울질하고 '성과 없는' 내 운동의 가치를 나도 모르게 한탄하면서.

'여학생은 왜 항상 피구만 해야 해? 여자의 운동은 왜 늘 매끈한 라인을 목표로 해야 해?' 나는 아이에게 운동의 중요성을 전하는 동시에 여자의 운동에 그려진 한계를 지우고 싶다. 운동을 통해 얻을 수 있는 건 단지 체중과 몸매의 변화에 그치지 않음을 전하고 싶다. 그걸 잊지 않으려 애쓰고 싶다. 그건 지극히 부수적일 뿐이라고 당당하게 말하고 싶다. 그리고 그 말을 내 삶으로 실천하고 싶다.

우리는 우리에게 주어진 삶이라는 장기전을 위해 체력을 쌓아야 하므로, 그렇게 획득한 힘은 내가 하는 모든 일의 기본이 되므로. 육체의 힘은 정신의 힘과 별개일 수 없다.

체력은 중요한 재산이 된다. 내가 하고 싶은 일을 더 오래, 꾸준히 지속할 수 있게 하는 힘은 육체에 존재한다. 그래서 오늘 새벽에도 몸을 움직인다. 끊임없이 날아드는 날씬과 매끈을 위한 운동에 맞서서 체력과 충전을 위한 운동을.

오늘 새벽에도 아이는 어김없이 나를 찾아오고, 나는 숨을 몰아쉬며 제안한다. "하윤이 옆에서 더 오래 자고 싶어서 운동하는 거야. 하윤이 엄마로 더 건강하게 살고 싶어서. 하윤이도 엄마랑 같이 운동할래? 엄마는 하윤이랑 같이 하면 더 좋겠는데." 무슨 말을 하든 울고불고 막무가내로 내 옆에 와서 다시 누워라 부르짖던 아이는 이제 없다. 어느새 훌쩍 자란 아이는 "됐어. 엄마나 더 해. 나는 들어가서 다시 잘게"라는 말을 남기고 방으로 돌아선다. 또 어느 날에는 칭찬의 말도 덧붙인다. 엄마 운동 잘한다고, 열심히 한다고, 참 부지런한 사람이라고.

더 이상 잠이 오지 않는다며 내 곁에 누워 "그건 나도 할 수 있겠네", "다리를 좀 더 들어야 하는 거 아냐?"라며 참견과 훈수를 놓기도 하는 아이가 조금 더 자라면 둘이 함께 땀 흘리며 운동을 하는 날도 찾아오지 않을까? 그 어떤 예고도, 기척도 없이 어느 날 문득. 어제도 그제도 원래 그래 왔던 것처럼. 혼자 서고, 혼자 걷고, 혼자 할 수 있는 것들이 어느새 많아진 오늘처럼 말이다. 그 언젠가의 '언제'가 언제인지 알 수 없지만 오늘도 쌓아 간다. 정직하게 움직이며 땀 흘리는 나만의 시간을. 꾸준하게 반복하는 묵묵한 시간을. 이렇게 지속해 온 시간이 잡아 줄 것이다. 건강하고도 단단한 나의 세계를.

26

여자의 살림,
잘하는 게 당연한 내 일이라고?

밥을 차려 먹고 치우고, 내가 입은 옷을 빨고, 내가 생활하는 공간을 청소하는 일은 어느 한 사람의 일이 아니다. 집안일은 사람이라면 누구나 응당 해야 하는 기본적이고 반복적인 노동인 동시에 누구나 할 줄 알아야 하는 기초 능력이다. 먹고 자고 입고 걷는 인간이라면, 자기 몸을 건사할 줄 아는 어른이라면 그 누구도 예외 없이 기본 노동에 동참해야 한다. 그래서 나는 아이가 어릴 때부터 작은 일들을 분담시켰다. 할 줄 아는 말이 열 단어를 넘지 않는 아이라 하더라도 할 수 있는 일의 범위는 결코 작지 않다. 제 발로 걸어 움직일 수 있게 되는 순간, 아이의 뇌는 폭발적으로 성장하며 두 손의 움직임에 적극 관여하기 때문이다.

아이는 세 살부터 다 마른 빨래를 개어 자기 옷장에 갖다 넣을 줄 알았다. 양말과 내복의 자리를 구분했고 놀이인지 노동인지 애매한 쌀 씻기에도 참여했으며 먼지포 청소를 도맡았다. 일곱 살이 되자 설거지한 그릇 헹구기를 자처했다. 엄마보다 더 뽀독한 소리가 난다며 목청껏 자랑했다. 화장실 청소도 빼놓을 수 없었다. 아주 당연하게도 아이의 노동은 짧고 굵게 끝이 난다. 빠르고 신속하게 사라지는 흥미와 함께 남은 일은 금세 내 차지가 된다. 아이의 손을 거쳐 간 대부분의 일거리는 다시 또 한 번 내 손길을 받아야 하고, 아주 많은 경우 안 하느니만 못한 상태를 불러오지만, 그럼에도 불구하고 집안일 동참하기를 멈추지 않은 것은 '가사 노동=엄마의 일'이라는 너무도 흔한 도식을 아이에게 물려주고 싶지 않기 때문이다.

가사노동의 책임은 왜 언제나 내 몫일까

문제는 아이에게 물려주고 싶지 않은 이 도식에서 내가 자유롭지 못하다는 것, 나 스스로가 끊임없이 이 도식 안으로 걸어 들어간다는 데에 있다. 나는 남편과 아이에게 끊임없이 '집안일은 이 집에서 사는 우리 모두가 해야 할 일'이라고 말하면서도 그 모든 책임을 나에게 부여한다. 나는 수시로 근사한 집밥을 내어 놓지 못하는 나를 자책한다. 남편과 아이를 두고 나서는 외출길의 최대 고민은 언제나 식사다. 상차림 없이 집 밖을 나설 때면 불편한 감정이 가슴을 내리친다. 식구들이 먹을 밥조차 챙기지 않고 어딜 그렇게 급히 가냐는 무언의 소리가 들리는 것 같기 때문이다. 문을 열고 집을 나서던 나는 나도 모르게 나를 향한 손가락질을 느끼며 뒤를 돌아보게 된다.

집 안 곳곳에 쌓인 일거리는 언제나 나만의 손길을 기다린다. 내 손길이 닿지 않으면 해결될 리 없는 많은 일이 나의 게으름을 비난한다. 나의 살림 능력을 책망한다. 나는 좀처럼 무시할 수 없는 그 많은 일을 보지 않기 위해 멀쩡한 집을 두고 카페로 나선다. 고개를 돌릴 때마다 보이는, 아직 처리되지 못한 수많은 집안일은 너무도 쉽게 나의 일을 미루거나 줄여야 할 이유가 되기 때문이다.

"외부 체계가 달라졌음에도 우리의 신념 체계는 변하지 않았다. 각자 내면 세계에는 낡은 가부장제의 규칙과 가치를 지속적으로 추구하는 내면 가부장이 존재한다. 우리 어머니들이 가르쳐 준 규칙과 가치 말이다. 내면 가부장은 외부가 아닌 내부에서 우리를 통제한다. 인식의 경계 너머에서 작동하기 때문에 우리는 내면 가부장의 존재를 인식하지 못하기 십상이다. 무의식의 그림자로 우리를 통제하므로, 나는 내면 가부장을 '그림자 왕'이라고도 부른다. 우리가 그림자 왕의 존재에 대해 무지할 때 그는 우리의 적이 된다."

– 시드라 레비 스톤, 《내 안의 가부장》 중에서

남편은 나에게 '왜 밥을 차려 주지 않느냐'고 묻지 않는다. 하지만 엄마는 내게 '식구들 밥은 어떻게 하고 카페에 나와 있느냐'고 묻는다. 명절에도 출근을 해야 하는 남편은 밥을 못 먹이고 내보내 안타까운 '백년 손님'으로 대접받지만, 며느리인 나는 당연하고도 자연스럽게 '일꾼'이라는 말을 듣는다. 내가 밖에서 일하는 시간이 길어질수록 구멍이 나는 우리 집 살림은 자연스럽게 방치와 포기로 흘러가는데, 우리 집 화장실에 생긴 물때를 발견한 엄마는 아이에게 이렇게 말한다. "아이고, 이것 봐라. 너희 엄마가 바빠지니까 화장실이 이 꼴이 되었구나." 그런 일상은 너무나도 평범하게 반복된다.

남편은 시시때때로 배달 음식과 외식으로 아이와의 끼니를 해결하지만 그 누구도 그의 살림 능력을 추궁하지 않는다. 남편 역시 조금의 죄책감도 느끼지 않는다. 아이에게 건강한 집밥을 먹이지 못했다는 죄책감은 언제나 나의 몫으로 남겨진다. 나는 그 죄책감이 부당하다고 저항하면서도 쉽게 벗어나지 못한다. 가부장제의 안팎에서 작동하는 그늘은 너무도 넓고 짙다. 깊고도 끈질기다.

여자의 살림, 그 당연하고도 집요한 노동의 강요

여자의 살림은 당연한 기본값으로 요구되고, 남자의 살림은 그 사람만의 장점이자 칭찬받아야 할 능력으로 우대된다. 남자의 가사 노동은 하나라도 더하면 올라가는 플러스의 영역이지만 여자의 가사 노동은 하나라도 미숙하면 바로 감점이 되는 마이너스의 영역으로 존재한다. 여자의 사회 활동으로 마이너스가 된 집안 살림은 또 다른 여자들의 노동으로 쉽게 대체된다. 바빠진 며느리와 딸을 대신해 부지런히 반찬을 만드는 건 자연스럽게 양가 어머니의 몫이 된다. 나는 기꺼이 우리 집 노동을 대신해 주는 어머니들께 감사한 동시에 죄송한 마음을 갖지 않을 수 없는데, 죄책감은 역시나 나의 것, 나만의 감정으로 존재한다.

'그가 분담하는 가사 노동의 양과 질이 불만족스럽더라도 짜증을 내거나 불평을 하면 안 돼. 남자는 원래 그런 걸 할 줄 몰라. 미숙한 게 당연해. 지혜로운 여자라면 보다 현명하게 대처할 줄 알아야지. 너무 강하게 말하면 안 돼. 부드럽고 다정해야지. 내가 더 많이 이해하고 배려해야 해. 그래야 우리 가족이 편안하니까.'

내 안의 가부장은 쉴 새 없이 속삭이며 나를 희생의 영역으로 몰아간다. 다정하고 책임감 있는 돌봄 제공자가 되라고 한다. 더 많은 가사 노동을 불평 없이 솔선수범하게 만든다. 나는 너무도 쉽게 그 목소리의 노예가 된다. 너무도 자주 그 목소리의 전파자가 된다. 아이의 손끝이 야무지다는 칭찬에 나도 모르게 "여자애라서요"라는 성별 고정관념을 보태고, 아들은 엄마 마음에 좀처럼 공감을 할 줄 모른다는 말에 얼씨구나 "남자들이 그렇죠" 라는 가부장제의 말을 갖다 붙이는 것이다.

의미 있는 시작, 우리의 작은 실천

여성과 모성에게만 요구되는 부당함에 빈번하게 분노하면서도, 여성과 남성이라는 이분법적 구분과 이미지에서 벗어나지 못하고 있는 나는 여전히 가부장제를 답습한다. 여성에게 요구되는 당연한 기대에서 자유롭지 못한 채 오늘도 그 안에 매여 있다. 나는 그런 내 모습에 끊임없이 좌절하면서도 의미 있는 지점을 찾으려 노력한다. 오늘의 나는 내가 여전히 갇혀 있는 가부장제의 그늘을 볼 수 있다. 이건 아주 중요한 시작이다. 나는 내 주변에서 작동하는 가부장제의 목소리를 알아차릴 수 있으며 그 목소리가 내 안에 존재함을 안다. 무지의 인식은 앎을 향한 첫걸음을 떼게 한다. 첫걸음을 뗀 나는 작지만 의미 있는 걸음을 이어 갈 수 있다. 우리의 일상은 현실에 안주하지 않는다.

하루아침에 세상을 바꿀 순 없지만 오늘 나의 작은 행동을 바꿀 순 있다. 한마디 말로 상대의 생각을 바꿀 순 없지만 하나의 행동으로 다른 가능성을 보여 줄 수는 있다. 나는 여전히 명절 음식을 준비하는 며느리지만 그 음식을 만드는 과정에 남편을 동참시킬 수 있다. 그는 오늘도 화려한 밥상을 내어 놓게 만드는 백년 손님이지만 상차림과 설거지를 도맡는 주방 보조가 될 수 있다. 나는 세상이 말하는 '좋은 아내'와 '착한 며느리'가 되기 위해 동동거리며 애쓰지 않기로 한다. 오늘의 내가 할 수 있는 최선을 찾아 실천하는 '나다운 아내'와 '하나뿐인 우리 며느리'를 만들어 간다. 그는 모르는 게 당연했던 세탁기의 작동 방법을 익히며 달걀로 만들 수 있는 몇 가지 요리를 배운다. 아이의 감탄은 초보 요리사의 가슴을 들뜨게 한다.

우리의 실천은 미비하고 갈 길은 구만리! 알아야 할 것도 바꿔야 할 것도 너무 많지만 우리의 작은 행동은 오늘 우리 집의 풍경을 바꾼다. 그렇게 달라진 일상은 또 하나의 문화로 굳어질 것이다. 그렇게 세상은 조금씩 변해 갈 것이다. 우리 아이의 내일은 그렇게 달라질 것이다. 나는 그걸 믿고, 또 믿으며 걸어간다. 결코 작지 않을 작은 걸음걸음을.

27

여자의 유산,
우리가 물려주어야 할 것

'나는 오늘'로 시작하는 아이의 그림일기는 언제나 세 문장으로 구성된다. 내가 오늘 무엇을 했는지를 설명하는 두 문장과 그래서 내 느낌이 어땠는지를 나타내는 마지막 문장. 열에 아홉은 '참 재미있었다'로 끝나는 이 짧은 일기 쓰기의 과정은 보기와 달리 간단치 않다. 식탁에 마주 앉은 우리는 더없이 진지하다. 고민의 시간은 길고도 깊다. 나는 좀처럼 끝날 기미가 보이지 않는 아이의 고뇌를 줄여 주고자 우리가 오늘 무엇을 했고, 이게 재미있지 않았냐는 둥 그럴 듯한 제안을 던져 보지만, 내 입에서 만들어진 문장이 아이의 일기장에 고스란히 쓰이는 법은 한 번도 없다. 아이는 단호하고도 매정한 목소리로 내 문장을 밀어낸다. "그렇게 안 쓸 거야! 그건 엄마 생각이잖아!"

걷지도 못한 시절부터 '내 생각'이 중요했던 아이는 '엄마가 시키면 한다'는 행동양식이 없었다. 그런 시늉조차 해 주지 않았다. 설득과 포기는 언제나 나의 몫이었다. 나는 그런 일상에 적응해 갔다. 아이의 확실한 자기주장과 또렷한 주관은 내가 존중하고 격려해 주어야 할 아이의 성격이었다. 나는 일상의 많은 일을 지시나 강요 아닌 협의와 설득으로 채워 갔는데, 어렵지 않게 실천하던 우리 관계에 적신호가 들어오고 말았다. '오늘 학교에 입고 갈 옷 고르기'라는 마의 영역에 당면한 것이다.

집단과 문화 vs 개성과 주관

"아니, 이걸 왜 안 입어? 왜 입기가 싫어? 살 때는 분명히 좋다고 했잖아. 하윤이 마음에 든다고 했잖아!" 아름다운 봄날의 아침은 너무도 쉽게 아름답지 않은 옥박의 아침으로 채워졌다. 나는 그러지 말아야지 하면서도 빈번하게 아이와 날을 세우고 부딪쳤다. 이제 와 새로울 것도 없는 아이의 주관을 존중할 수 없는 이유는 그게 아이의 생각이 아니라는 데에 있었다. 아이가 그 옷을 입고 싶지 않은 이유는 친구들의 취향과 생각 때문이었다. 아이는 친구들의 반응과 놀림을 걱정하며 불안해했다. 내 눈에는 예쁜 이 옷이 친구들의 눈에는 우스꽝스럽고 이상한 옷일 수 있으므로, 그래서 놀림의 대상이 될 가능성이 있으므로. 엄마가 반복해 대는 "괜찮다, 예쁘다, 그게 무슨 상관이냐"는 말은 조금의 힘도 가질 수 없었다. 아이에게 중요한 것은 오직 단 하나, '내가 친구들 눈에 어떻게 보이느냐'에 있었고, 그런 아이의 마음을 바로 받아들이는 일은 쉽지 않았다. 어째서 타인의 평가에 저토록 신경을 곤두세우며 필사적이여야 하는지. 나는 하루아침에 달라져 버린 아이의 태도가 못내 못마땅하고 아쉬웠다.

눈물로 시작하는 아침만큼 꺼림칙한 하루는 없다. 이내 나도 깨달았다. 또래 집단과 문화에서 튀고 싶지 않은 마음은 지극히 자연스러운 감정이었다. 내가 존중해 주어야 할 너무도 당연한 마음이었다. 돌아보면 나 또한 지속해 온 삶의 방식이 아니던가. 내가 속한 사회에서 유난스러운 별종이 될까 봐, 사람들 입에 오르내리는 조롱과 비난의 대상이 될까 봐. 오늘 나의 말과 행동, 지극히 사소한 옷차림과 액세서리 하나까지, 나 아닌 타인의 시선에 견주어 고민하는 일은 너무도 많고 우리는 그렇게 살아간다. 가늘고 길게, 시끄럽지 않게. 앞도 뒤도 아닌 중간에서 무탈하게, 모나지 않게.

나만의 특별한 개성을 뽐내는 아이로 자라 주기를 바라는 것도 아니면서 아이의 변화에 유난히 발끈했던 이유가 무엇일까 더듬어 보니 아무래도 나는 불안했던 것 같다. 선명했던 주관을 잃어버릴까 봐, 나라는 사람의 생각을 놓쳐 버릴까 봐. 내가 뭘 좋아하는지, 내가 무얼 원하는지, 내가 하고 싶은 게 무엇인지, 어떤 모습이 되고 싶은지 나 자신에 대한 인식과 고민 없이 그저 남들이 원하는 대로 살아갈까 봐, 남들이 말하는 대로 따라갈까 봐. 그 때문에 나는 고작 여덟 살 아이의 겨우 옷 하나 고르는 문제를 가지고 그토록 심각했던 것이다. 어미에게 아이의 작은 변화는 결코 작을수 없는 우주의 격동으로 다가오는 법이니 말이다.

글 쓰는 습관을 물려주고 싶은 이유, 글쓰기로 내가 얻은 것

"그래 알았어. 친구들이 놀릴까 봐 걱정되는 옷은 입지 마. 하윤이가 입고 싶은 옷만 입어. 더 이상 옷 가지고 뭐라고 하지 않을게." 나는 이번에도 존중의 탈을 쓴 항복을 했다. 그런 일은 더욱 많아질 것이다. 또래 집단의 영향력과 범위는 점점 더 커져 갈 테고, 아이가 속한 사회는 갈수록 넓어질 것이다. 거대한 힘으로 아이를 덮쳐 올 것이다. 아이를 향해 몰려오는 파도를 막아 줄 길 없는 나는 오늘도 아이 앞에 마주 앉아 세 문장의 일기를 쓰는 데 공을 들인다. 최선을 다해 도우미를 자처하며 일기 쓰기의 즐거움을 유지하려 애쓰는 이유는 딱 하나, 글을 쓰는 일상의 습관을 물려주고 싶기 때문이다.

"글을 쓴다는 것은 한 인간을 억압하는 모든 것으로부터 자기 자신을 지키는 마지막 수단입니다. 그래서 예로부터 압제자들은 글을 쓰는 사람을 두려워했습니다. 그들은 본질적으로 굴복을 거부하는 자들이니까요. 글쓰기는 우리 자신으로부터도 우리를 해방시킵니다. 글을 쓰는 동안 우리 자신이 변하기 때문입니다. 글을 쓰기 전까지 몰랐던 것들, 외면했던 것들을 직면하게 됩니다."

– 김영하, 《말하다》 중에서

나는 학창 시절 내내 시시한 쓰기를 계속해 왔다. 그 시답잖은 쓰기를 통해 경험할 수 있었다. 무언가를 '쓴다'는 것은 그 무엇의 경중을 떠나 그 자체로 강력한 힘이었다. 나를 단단하게 붙잡아 주는 버팀목이었다. 나는 글쓰기를 통해 나 자신도 알아차리지 못했던 나의 감정을 발견할 수 있었다. 내 안의 욕망을 마주할 수 있었다. 글쓰기는 끊임없이 나를 휩쓸고 가는 세상이라는 거대한 파도 위에서도 동동, 나의 숨을 놓치지 않을 수 있게 띄워 주는 구명 튜브였다. 내가 쓰는 글은 겨우 일기와 편지 따위. 조금만 시간이 지나도 손발이 오글거려 다시 보기 힘든 글이 전부였지만 그 보잘것

없는 튜브에 매달려 지금까지 나는 망망대해 위에서 살아 있다. 건강하고 활기차게, 유쾌하고 발랄하게.

아이를 낳고 하루 수면 시간이 채 2시간도 안 될 때조차 글 쓰는 시간을 포기할 수 없었던 이유는 그 시간이 나를 살리는 시간이자 나를 지키는 시간이었기 때문이다. 만약 내가 글을 쓰지 않았다면, 언제나 글을 쓰는 일상을 지속해 보지 않았다면, 글쓰기에 대한 많은 말에 공감하지 못했을 것이다. 그건 그저 작가들이 만들어 낸 그들만의 리그일 뿐이라며 나와는 무관한 일이라 단정 지었을 것이다. 하지만 나는 "글을 쓰지 않는 사람은 자신이 어떤 사람이 아닌지조차 알지 못한다"는 막스 프리쉬의 말을 이해하고, 공감한다. 글쓰기는 내가 누구이며 어떤 사람인지를 발견할 수 있는 자기 인식의 가장 좋은 도구이자 나 자신을 사랑하는 방법을 배울 수 있는 결정적 수단임을, 글을 쓰는 매 순간 내가 직접 경험하기 때문이다.

내가 쓰고 싶은 글, 기록되어야 하는 우리의 역사

내 이름 석 자가 박힌 책을 내어 놓기 전이나 후나 여전히 나는 보잘것없는 글을 쓴다. 일상의 소소한 순간을 기록한다. 오늘 먹은 음식이나 오늘 아침에 일어나서 내가 한 운동, 오늘 내가 읽은 책에 대한 단편적인 생각이나, 오늘 아이와 나눈 대화 몇 마디……. 고만고만 비슷하게 흘러가는 일상 속의 순간들은 글쓰기를 통해 나의 문화가 된다. 나의 하루는 결코 사소할 수 없는 나의 삶이 된다. 나는 그 하루를 글로 남기며 유산을 만들어 간다.

내가 남기고 싶은 것은 대한민국에서 살아가는 아줌마의 평범한 하루다. 내가 물려주고 싶은 것은 그 하루를 채워 간 단순한 일과다. 서른다섯의 엄마로 살고 있는 내가 제일 알고 싶은 역사는 그 어디에도 기록되지 않은 서른다섯 우리 엄마의 역사다. 엄마가 내 나이였을 때 우리 엄마는 어떤 하루를 살았을까, 그 하루의 어떤 순간에 울고 웃었을까, 어떤 생각을 했을까, 어떤 고민이 있었을까. 오랜 세월 기록에서 배제되고 기록할 가치를 부여받지 못했던 그 역사를 나는 알고 싶다. 그래서 남기고 싶다. 도대체 무슨 쓸모가 있는지 알 수 없는 나 자신의 많은 순간에 대해서 말이다.

"엄마! 세 번째 책 제목은 뭐야? 이제 얼마나 남았어? 많이 썼어?" 나도 엄마 책을 갖고 싶다며 아직 읽지도 못하는 책을 무려 저자 친필 사인본으로 소장하고 있는 아이는 원고를 쓰는 내내 나의 작업 상황을 체크하며 제목을 물었다. 나는 때마다 "제목은 나중에 출판사에서 회의를 해야 나오는 거야. 엄마는 아직 몰라"라는 지극히 현실적인 대답을 들려주었는데, 몇 번을 들어도 도저히 납득이 되지 않는다는 표정으로 되묻는 아이에게 마침내 나는 나만의 가제를 말해 주었다. 이 책의 제목은 《하윤이에게》라고, 엄마가 하윤이에게 꼭 들려주고 싶은 이야기를 쓰고 있는 중이라고.

"뭐라고? 하윤이에게라고? 뭐야! 그럼 나만 살 텐데. 아무도 안 살 텐데. 한 권도 안 팔리면 안 되는데, 그럼 안 되는데?" 엄마 책이 한 권밖에 안 팔릴까 봐 세상 심각해진 아이를 보며 나는 깔깔 웃는다. 그리고 소망한다. 내가 남긴 이 기록이 내 아이의 쓰기를 응원하기를, 내 아이를 넘어 모든 아이들의 쓰기가 되기를, 우리가 내어 놓는 모든 쓰기를 찬양하기를.

"우리는 화산이다. 우리 여자들이 우리의 경험을 우리의 진실로, 인간의 진실로 내놓으면 모든 지도가 바뀐다. 새로운 산맥들이 생긴다."

– 리베카 솔닛, 《여자들은 자꾸 같은 질문을 받는다》 중에서

글을 쓰는 모든 순간 이런 글을 대체 뭐 하러 쓰냐고, 이게 무슨 의미가 있냐고, 아이를 키우는 아줌마의 경험은 하찮고 보잘것없는 것이라고 외쳐 대는 목소리가 수시로 내 발목을 잡아 끌지만

나는 오늘도 글을 쓴다. 글쓰기를 통해 나를 지킨다. 글쓰기로 나를 기록한다. 나는 글쓰기와 함께 살아 숨쉬고 이글이글 불타는 화산이 된다. 한 권의 책을 다시 또 세상에 내어놓는다. 나의 경험이 바뀌 갈 세상의 지도를 그리며, 내가 담아 놓은 활자들이 만들어 갈 새로운 산맥을 기대하며 말이다. 우리의 모든 경험은 기록되어야 할 가치를 갖고 있다. 기록되어야 하는 역사다. 우리는 더 많이 쓰고, 더 많이 기록해야 할 것이다. 지워지고 배제된 역사에 맞서서, 침묵당하고 소외된 역사를 뚫고서.

딸에게 들려주는 여자 이야기

초판 1쇄 발행 2020년 5월 20일
초판 2쇄 발행 2020년 6월 10일

지은이 김슬기
펴낸이 권미경
편집 임나리
마케팅 심지훈, 강소연, 김재영
디자인 어나더페이퍼
펴낸곳 ㈜웨일북
출판등록 2015년 10월 12일 제2015-000316호
주소 서울시 마포구 월드컵로32길 22 비에스빌딩 5층
전화 02-322-7187 **팩스** 02-337-8187
메일 sea@whalebook.co.kr **페이스북** facebook.com/whalebooks

소중한 원고를 보내주세요.
좋은 저자에게서 좋은 책이 나온다는 믿음으로, 항상 진심을 다해 구하겠습니다.

「이 도서의 국립중앙도서관 출판예정도서목록(CIP)은
서지정보유통지원시스템 홈페이지(http://seoji.nl.go.kr)와
국가자료공동목록시스템(http://www.nl.go.kr/kolisnet)에서 이용하실 수 있습니다.
(CIP제어번호 : CIP2020016351)」